전면개정 제37회 공인중개사 시험대비    동영상강의 www.pmg.co.kr

2026

# 양진영 부동산공시법령

# 양진영 익힘장

두문자 + 양자택일 + 빵꾸노트

양진영 편저

# 박문각 공인중개사

박문각

박문각 공인중개사

전설의 두문자

## 지적법 두문자 정리

| 두문자 | 상세 |
|---|---|
| **1. 결/소, 등/장**<br>: 토지표시의 결정과 등록 | 토지표시의 **결**정은 **소**가 하고, **등**록은 **장**이 한다.<br>**결**정 : 지적**소**관청<br>**등**록 : 국토교통부**장**관 |
| **2. 연/찌/찌/소/축/등**<br>: 1필지의 성립요건,<br>합병성립요건 | 각 필지 **연**접 + **지**목 동일 + **지**번부여지역 동일<br>+ **소**유자 동일<br>+ **축**척이 동일[한 도면에 등록되어 있을 것]<br>+ **등**기여부 동일[모두 등기 또는 모두 미등기일 것] |
| **3. 인접지 본/부 + 최종 뼨/뼨**<br>: 신규등록/등록전환의<br>지번부여방법 | 원칙 : **인접지**의 **본**번에 부번 **부**여<br>예외 : **최종 본**번에 이은 **본**번으로 부여(**여 · 인 · 멀리**) |
| **4. 최종부/부**<br>: 분할의 지번부여 | 원칙 : 1필지는 분할전 지번 그대로, 나머지는 본번의 **최종부**번의 다음 **부**번부터<br>순차부여 |
| **5. (본번 중)선순위**<br>: 합병의 지번부여 | 원칙 : (본번 중) **선순위**의 지번 |
| **6. 분/당, 병/신** : 주거 · 사무<br>실 등 있을 때 지번 부여<br>방법 | 주거 · 사무실 등 존재할 때<br>**분**할 : 분할 전 지번을 그 필지에 **당**연 부여<br>합**병** : **신**청 있으면 그 필지의 지번으로 부여 |
| **7. 지/행/축/도** | [도시개발사업 등 지번부여를 준용]<br>: **지**번변경 + **행**정구역개편으로 지번부여 + **축**척변경 + **도**시개발사업 등의<br>공사준공 전 지번부여 |
| **8. 축/반/지** | [지적소관청이 시 · 도지사 또는 대도시 시장의 승인을 받아 하는 것]<br>: **축**척변경, (지적공부의) **반**출, **지**번변경 |

| | |
|---|---|
| **9.** 학/철/수/유/도/구/제/천 | ① 공공사업으로 인하여 **학**교용지/**철**도용지/**수**도용지/**유**지/**도**로/**구**거/**제**방/하**천**으로 되는 **토지를 분할**할 때에는 지상건물을 걸리게 하거나 관통하게 설정할 수 있다.<br>② 공공사업 등으로 인하여 **학**교용지/**철**도용지/**수**도용지/**유**지/**도**로/**구**거/**제**방/하**천** 등의 지목으로 되는 토지는 **소유자를 대위하여 (공공)사업시행자가** 토지이동신청을 할 수 있다.<br>③ 합병의무대상토지<br>**학 · 철 · 수 · 유 · 도 · 구 · 제 · 천** · [**체**(육용지) · **공원**) · (공)**장**(용지)] |
| **10.** 재/답, 자/유 | **연 · 왕골** **재**배지는 '**답**', **자**생지는 '**유**지' |
| **11.** 과/목/묘 안 건축물은 '대' | **과**수원 내 주거용 건축물의 부지 = '대'<br>**목**장용지 내 주거용 건축물 부지 = '대'<br>**묘**지 내 관리용 건축물 부지 = '대' |
| **12.** 학/장/종은 학/장/종<br><br>학/공/종은 학/공/종 | **학**교용지/공**장**용지/**종**교용지 내에 있는 것<br>(주거용건축물부지 포함)은<br>지목이 **학**교용지/공**장**용지/**종**교용지이다.<br><br>**학**교용지/**공원**/**종**교용지 내에 있는 유적 · 고적 · 기념물의 부지는 지목이 사적지가 아니고 **학**교용지/**공원**/**종**교용지이다. |
| **13.** 지 · 지 · 지 · 지 · 지 · 땅 · 땅<br>: 임야 | : 수림**지** + 죽림**지** + 암석**지** + 습**지** + 황무**지** + 자갈**땅** + 모래**땅**<br>＊단, 간석지 = 갯벌은 등록대상이 아님<br>　　　저수지, 소류지 = 유지 |
| **14.** 용/광<br>운/안광 | 온수 · 약수 · 석유류 **용**출 = **광천지**<br>온수 · 약수 · 석유류 **운**송 = 광천지 ✕ (**안 광**천지) |
| **15.** 높하/절상 : 지상경계 설정기준 | **높**낮이 차이가 있을 때 : 구조물 등의 **하**단부<br>**절**토(땅깎기) : 경사면의 **상**단부 |
| **16.** 판/공/도/관 :<br>지상건축물이 걸리게 경계를 결정할 수 있는 예외사유 | ① 확정**판**결<br>② **공**공사업으로 인하여 학 · 철 · 수 · 유 · 도 · 구 · 제 · 천의 지목으로 되는 토지를 분할하고자 하는 경우<br>③ **도**시개발사업시행자가 **사업지구**의 경계를 결정하기 위하여 토지를 분할하고자 하는 경우<br>④ 도시 · 군**관**리계획선에 따라 분할하고자 하는 경우 |

| | |
|---|---|
| **17.** 경계점 **사/위/좌/표/공실** | 지상경계점등록부 등록사항<br>소재, 지번<br>**경계점 사**진파일/**위**치설명도/**좌**표/**표**지 종류 및 경계점위치/**공**부상 지목과 **실**제 지목 |
| **18.** **현 · 경**이 :<br>안면적/안검사 | [(측량)검사도 안 받고 면적도 안 재는 측량]<br>지적**현**황측량 + **경**계복원측량 |
| **19.** **재 · 검**측량 :<br>의뢰할 수 없는 측량 | 의뢰하여 이루어지는 측량이 아닌 것 :<br>지적**재**조사측량 + **검**사측량 |
| **20.** **목 · 도 · 장/축 · 도 · 장** | [지**목** + **축**척 등록]<br>**도**면[지적도와 임야도] + 대**장**[토지대장과 임야대장] |
| **21.** **면 · 장/이 · 장/공 · 장/등 · 장** | [**면**적 + 토지**이**동사유 + 개별**공**시지가 + 토지**등**급 등록]<br>: 토지/임야대**장** |
| **22.** **공 · 대**에만 지분있고<br>**공 · 대**에만 도번없다. | **공**유지연명부와 **대**지권등록부에만 소유권**지분** 있고,<br>**도면**번호 **없다.** |
| **23.** **도면**에만 **고/번없다.** | **도면에만** 없는 것 : 고유번호 |
| **24.** **위치 · 위치 · 수치** | **도면에만** 있는 것 :<br>삼각점 및 지적기준점의 **위치**, 건축물 및 구조물의 **위치**, 도곽선 및 도곽선**수치** |
| **25.** **처/복**은 **국장,**<br>**종/복**은 **소관청** | 정보**처**리시스템의 **복**제는 **국장**이<br>부동산**종**합공부의 **복**제는 **소관청**이 한다. |
| **26.** **등기부/판결/등/결/결/소/복** : 지적공부 복구 자료 | **등**기부, 확정**판**결, 지적공부의 **등**본, 측량**결**과도, 토지이동정리**결**의서, **소**관청이 작성 또는 발행, **복**제된 지적공부 : **등**이 **결**리고 **결**리면 **소복**입은 여자가 긁어줘요<br>토지표시복구자료이면서 동시에 소유자복구자료인 것 : **등기부**, 확정**판결** |
| **27.** **소 · 판 · 기 · 준** : [신규 등록 신청시 제출서류] | ① 관계법령에 의한 **소**유권증명서류<br>② 확정**판**결 정본 또는 사본<br>③ 도시계획구역의 토지를 당해 지방자치단체의 명의로 등록하는 때에는 **기**획재정부장관과 협의한 문서의 사본<br>④ 공유수면매립 **준**공인가확인증의 사본 |
| **28.** **허가 · 신고/대/사/관**<br>[등록전환 대상토지] | ① 산지전용**허가 · 신고**, 산지일시사용**허가 · 신고**, 건축**허가 · 신고**, 개발행위**허가** 등을 받은 경우<br>② **대**부분의 **토지가 등록전환**되었을 때 나머지 토지<br>③ 임야도에 등록된 토지가 **사**실상 **형질변경**되었으나 지목변경을 할 수 없는 경우<br>④ 도시 · 군**관**리계획선에 따라 분할하고자 하는 경우 |

| | |
|---|---|
| **29.** 동/결/승<br>: 축척변경 절차 | 소유자 2/3 이상 **동**의 → 축/변/위 의**결**<br>→ 시·도지사 또는 대도시 시장의 **승**인 |
| **30.** 20/30<br>15/20<br>1월/1월<br>6월/6월<br>: 축/변 기간 | 시행공고: **20**일 이상 → 경계점표지: 시행공고일부터 **30**일 이내 설치<br>청산금공고: **15**일 이상 → 납부고지, 수령통지: 청산금 공고일부터 **20**일 이내<br>청산금 이의제기: **1월** 이내 소관청에 → **1월**이내 축/변/위 심/의<br>납부고지 받은 날부터 **6월** 내 납부/수령통지 한날부터 **6월**내 지급 |
| **31.** 목기지/청산/계획/협조<br>: 축/변 시행공고 | ① 축척변경의 **목**적, 시행**기**간 및 시행**지**역<br>② 축척변경의 시행에 따른 **청산**방법<br>③ 축척변경의 시행에 관한 세부**계획**<br>④ 축척변경의 시행에 따른 토지소유자 등의 **협조**에 관한 사항 |
| **32.** 청조/지조/축(척)/소(재)<br>: 축/변 확정공고사항<br>(청조의 지조는 축/소되<br>었음을 확정공고하노라) | ① **청**산금 **조**서<br>② 축척변경 **지**번별 **조**서<br>③ 지적도의 **축척**<br>④ 토지의 **소재** 및 지역명 |
| **33.** 미/소정정은 가족: 미등<br>기토지 소유자의 정정자료 | **미**등기토지 **소**유자 **정정**: **가족**관계기록사항에 관한 증명서 |
| **34.** 측/정과 다르면 직권정정<br>: 직권정정사유 | ~**측**량성과/**정**리결의서와 **다르게 정**리된 경우<br>① **측**량성과와 **다**르게 **정**리된 경우<br>② 토지이동**정**리 결의서의 내용과 **다**르게 **정**리된 경우 |
| **35.** 등기/등기/등기/등기<br>: [소유자 정정 및 정리<br>자료] | ① **등기**필증      ② **등기**사항증명서<br>③ **등기**완료통지서      ④ **등기**전산정보자료 |
| **36.** 장/관/공/채: 대위신청 | ① 행정기관의 **장**/지자체의 **장**: 국가, 지자체 토지<br>② 공동주택 **관**리인(없으면 공유자가 선임한 대표자) 또는 사업시행자<br>③ (**공공**)사업시행자: **공공**사업으로 학철수유도구제천의 지목으로 되는 토지<br>④ **채**권자대위 |
| **37.** 재심사/개발/개발/양성/<br>징계: 중앙지/위 심/의<br>사항 | 지적측량 적부심사에 대한 **재심사**<br>지적 관련 정책 **개발** 및 업무 개선 등에 관한 사항<br>지적측량기술의 연구·**개발** 및 보급에 관한 사항<br>지적기술자의 **양성**에 관한 사항<br>지적기술자의 업무정지 처분 및 **징계**요구에 관한 사항 |

## 등기법 두문자 정리

| 두문자 | 상세 |
|---|---|
| 1. 넓은 의미의 등기부: <br> 신 · 공 · 도 · 매 | 신탁원부 + 공동담보[저당/전세]목록 + 도면 + 매매목록 <br> → 등기부의 일부로 보고, 그 기재는 등기부의 기재로 본다. <br> → 등기사항증명서 발급이나 열람을 할 때 당연히 같이 공개되는 것이 아니다. <br> 위 사항의 증명도 함께 신청한다는 뜻을 표시하여야 함께 발급 · 열람된다. |
| 2. 관할 등기소 중 하나에 신 청 가능: 공동저당 · 공동 전세/전전세 | 공동저당 · 공동전세/전전세의 등기와 그 이전 · 변경 · 말소등기의 신청 <br> → 관할 등기소가 달라도 그중 하나의 관할 등기소에 신청 가능 |
| 3. 관할이 아닌 등기소에 신 청 가능: 상속 · 유증 | 상속 · 유증으로 인한 소유권이전등기를 하거나 법정상속분에 따른 상속등기 후 상속재산 협의분할이 있는 경우 등 <br> → 관할 등기소가 아닌 등기소에도 신청 가능 |
| 4. 등기신청적격 없는 자: <br> 학 · 읍 · 조 · 태 | ① 학교: 설립주체 명의로 등기 <br> ② 읍 · 면 · 동 · 리: 단, 동 · 리가 법인 아닌 사단의 실질을 가지면 가능 <br> ③ 민법상 조합: 조합원 전원 명의로 '합유'등기 <br> ④ 태아 |
| 5. 단독신청의 대표적인 경우: <br> 판 · 수 · 보 · 상 · 표 · <br> 표 · 신 · 혼 · 가 | : 판결(이행판결+공유물분할판결) + 수용 + 보존등기와 그 말소등기 + 상속 (+합병)에 의한 이전등기 <br> + 부동산표시에 관한 등기 + 등기명의인표시에 관한 등기 + 신탁등기와 그 말소등기: 수탁자 단독신청 <br> + 혼동에 의해 소멸한 권리의 말소등기 <br> + 가등기가처분명령: 가등기권리자의 단독신청 |
| 6. 재/유/지 : 공동신청 <br> 재결실효/유증/지분포기 | (공동으로 재유지~) <br> 재결실효로 인한 소/이전등기의 말소등기 <br> 유증 원인 권리의 이전등기: 유언집행자와 수증자 <br> 공유자의 지분포기로 인한 지분이전등기 |
| 7. 구분건물 일부만 보존 등기를 신청하는 경우 : 표시 · 동시 · 대위 | 1동의 건물에 속하는 구분건물 중 일부만에 관하여 소유권보존등기를 신청하 는 경우에는 나머지 구분건물의 표시에 관한 등기를 동시에 신청하여야 한다. 이 경우 1동에 속하는 다른 구분건물의 소유자를 대위하여 신청할 수 있다. |

| | |
|---|---|
| **8.** 등기필정보를 작성·통지 하지 않는 경우: <br> 대/승/직/관/공유 | 신청하지 않으면 등기필정보는 주지 않는다. <br> ① (채권자)**대**위      ② **승**소한 등/의 신청 <br> ③ **직**권보존등기      ④ **관**공서의 촉탁 <br> ⑤ **공유**자 중 일부가 공유물보존행위로 등기를 신청한 경우 나머지 공유자 |
| **9.** 등기완료통지를 하는 것 : 대/승/직/관/공유/멸실 | 등기완료사실의 통지는 신청인 및 다음의 자에게 한다. <br> ① (채권자)**대**위신청시 피대위자(채무자) <br> ② **승**소한 등/의 신청시 등기권리자 <br> ③ **직**권보존등기시 보존등기명의인 <br> ④ **관**공서의 촉탁시 그 관공서 <br> ⑤ **공유**자 중 일부가 공유물보존행위로 등기를 신청한 경우 나머지 공유자 <br> ⑥ 등기필증 **멸실**하여 대용서면으로 등기된 경우 등기의무자 |
| **10.** 상속인에 의한 등기 | 상속인에 의한 등기: **공동신청, 상속 안해/각하 안해** <br> ① **공**동**신**청 <br> ② **상**속등기 **생**략 <br> ③ 각하 × |
| **11.** 공·포·진·상·합· 취·수 | [농지취득자격증명/토지거래허가 면제사유] <br> : **공**유물분할 + **포**괄유증 + **진**정명의회복 + **상**속 + **합**병 + **취**득시효 + **수**용 |
| **12.** 가·포 자기지분· 상·공 전원명의: 여러 명의 권리자 중 일부가 신청할 때 | ① 수인의 **가**등기권리자와 수인의 **포**괄수증자: 그중 1인은 **자기지분**만의 본 등기나 소유권이전등기를 신청할 수 있다. <br> ② 수인의 **상**속인과 수인의 **공**유자: 그중 1인은 **전원명의**의 소유권보존등기 나 상속등기를 신청할 수 있다. <br> ③ 전원이 전원 명의로 신청하는 것은 가능 |
| **13.** 분/유/통/특/점 | 등기할 수 없는 권리: **분**묘기지권/**유**치권/주위토지**통**행권/**특**수지역권/**점**유권 |
| **14.** 보존등기 상대방: 토지는 국가 /건물은 지자체 장 | **토지**는 '**국가**'로부터 이전등록받아 보존등기 가능 <br> **토지**는 '**국가**' 상대로 판결받아 보존등기 가능 <br> **건물**은 '**시장, 군수, (자치)구청장**' 상대로 판결받아 가능 <br> **건물**은 '**특/자/도지사, 시, 군, (자치)구청장**' 상대로 확인받아 가능 |
| **15.** 매·매·채·변· 공·부 | [공동저당의 대위등기할 때 필요적 기재사항] : <br> **매**각부동산 + **매**각대금 + (**후**( = 차)순위 저당권자의) **채**권액 + (**선**순위 저당 권자가) **변**제받은 금액 <br> **공**동신청 <br> **부**기등기 |
| **16.** 처분제한 : 칙/촉 금지 no | 처분제한등기(압류, 가압류, 가처분, 경매)는 <br> **직**권보존등기를 하고, **촉탁으로만 등기 가능** <br> 처분**금지**의 효력은 **없**다. |

| | |
|---|---|
| **17.** ~특약<br>~약정<br>: 임/근/부 | 각종의 **특약**이나 **약정**의 등기는<br>① **임**의적 기재사항<br>② 법령에 **근**거 있어야 등기 가능<br>③ **부**기등기로 한다 |
| **18.** 신탁등기:<br>1/일 신청<br>하나의 순위번호<br>단독/대위신청 | ① 신탁 원인 권리의 등기와 신탁등기/신탁 원인 권리의 등기의 말소등기와 신탁등<br>기의 말소등기 등 신탁 관련한 등기는 **1**건의 신청정보로 **일**괄신청하여야 한다.<br>② 신탁 원인 권리의 등기와 신탁등기/신탁 원인 권리의 말소등기와 신탁등기<br>의 말소등기는 언제나 **하나**의 순위번호로 한다.<br>③ 신탁등기/신탁등기의 말소등기는 수탁자 단독신청<br>　이 등기는 위탁자나 수익자가 **대위**신청 가능<br>　대위신청할 때는 동시신청할 필요 없음 |
| **19.** **고**추밭/**주부** | 신탁등기에서<br>**고**유재산 = **주**등기<br>**주**의사항 = **부**기등기 |
| **20.** 필요적 기록사항:<br>목/범, 목/범/요,<br>전/범, 차/범<br>채/채, 최/채 | 지상권: **목**적/**범**위, 지역권: **목**적/**범**위/**요**역지 표시<br>전세권: **전**세금/**범**위, 임차권: **차**임/**범**위<br>저당권: **채**권액/**채**무자, 근저당권: 채권**최**고액/**채**무자 |
| **21.** 임의적 기록사항<br>~특/약/기/지/보 | ~**특**약/**약**정/**기**간(~기)/**지**료/임차**보**증금 |
| **22.** 전세권 일부이전등기<br>전소후/부/양 | 전세금반환채권의 일부양도를 원인으로 하는 전세권의 일부이전등기는<br>① **전**세권 **소**멸 **후**에 가능<br>② **부**기등기<br>③ **양**도액 기록 |
| **23.** 표제부의 등기와 멸실등기<br>: 단/주/대/신 | 부동산표시에 관한 등기( = 표제부의 등기)와 멸실등기 절차<br>**단**독신청/**주**등기/**대**장첨부/**신**청의무 1개월 |
| **24.** 가등기 가능<br>: 시/정 가등기 | **시**기부/**정**지조건부 청구권은 가등기 가능<br>종기부/해제조건부 청구권은 가등기 불가능 |
| **25.** 촉탁시 특례:<br>출석면제/검인면제/<br>필증면제/인감면제 | **관공서가 촉탁할 때에는**<br>① 방문신청할 때에도 '출석' 면제<br>② 계약서의 '검인' 면제<br>③ 등/의 '등기필증' 제공 면제<br>④ 등/의 '인감증명' 제공 면제<br>⑤ 등기기록과 대장의 부동산표시가 불일치해도 각하 × |

이 단어 나오면 저 단어 나와야 해!!

1. 규약폐지 = 보존등기
2. 재결 실효/유증/지분포기 = 공동신청
3. 소재불명 = 제권판결(+ 단독신청)
4. 일부 보존등기 = 표시/동시, 대위
5. 가등기가처분 = 단독신청(가등기권리자가)
6. 집합(구분)건물 등기기록 = '전부' 합하여 1등기기록
7. 신(탁원부)/공(동담보목록) = 등기관이 작성
8. 등기를 마치면 그 등기는 = 접수한 때부터 효력발생
9. 저당권도 추정하고, 피담보채권도 추정한다.
10. 가등기와 본등기 사이 소유권이전이 있으면 본등기는 = 가등기 당시의 소유자와 한다(그 때 그사람).
11. 말소등기와 그 회복등기 사이 소유권이전이 있으면 회복등기는 = 말소 당시의 소유자와 한다(그 때 그사람).
12. 이행판결, 인수판결 = 승소한 자만 단독신청
13. 공유물분할판결 = 승소한 자, 패소한 자 모두 단독신청
14. 상속인에 의한 신청 = ① 공동신청 ② 상속등기 × ③ 각하 ×
15. 채권자대위신청 = 등기신청인은 채권자, 등기권리자는 채무자(신청은 채권자가 하고, 권리는 채무자가 가진다)
16. 법인 아닌 사단이나 재단의 등기신청
    법인 아닌 사단이나 재단(본인)의 명의로 대표자나 관리인(대리인)이 신청
17. 등기필정보 제공은 등기의무자가 한다 = 공동신청 + 승소한 등기의무자의 단독신청
18. 위조서류에 의한 등기/무권대리에 의한 등기 = 유효
18-1. 판결확정 후 10년이 지나서 하는 등기신청/유류분을 침해한 등기신청 = 각하 ×
19. 보존등기는 반드시 = (부동산)전부 + (권리)전부 : 일부에 대하여는 보존등기 불가능
20. 부동산의 일부에 가능 = 지/지/전/임 only
21. 공유지분에 불가능 = 지/지/전/임 + 보존등기
22. 부동산표시( = 표제부)의 등기와 멸실등기 = 단/주/대/신
23. **같**은 구 = **순**위번호, **다**른 구 = **접**수번호, 대지권~ = 접수번호(같/순,다/접,대/접)
24. 고유재산/주등기, 주의사항/부기등기 - 고/추밭 주/부
25. 공유에서 합유/합유에서 공유 : 변경등기
26. 전부 멸실 : 멸실등기
    일부 멸실 : 변경등기

**27.** 신탁원부 기록의 변경등기

    재판 : 법원의 촉탁

    직권/명 : 법무부장관의 촉탁

    아니면 : 등기관이 직권으로

**28.** 상속등기 후 협의분할 : 경정등기


**\* 소유권이전등기를 할 때의 특례 두 가지**

① 주소증명정보는 등기권리자만 제출하는 것이 원칙이나,

    **소유권이전등기를 신청할 때**에는 등기의무자의 것도 제출함

② 등기명의인표시의 변경등기는 그 명의인이 단독신청하는 것이 원칙이나,

    **소유권이전등기를 할 때** 등기의무자의 주소변경사실은 등기관이 직권으로 등기명의인표시의 변경등기를 한다.

양자택일
기출지문 복습

## 지적법 양자택일 익힘장

★ 「양자택일」 문제의 테마번호는 3부 「빵꾸노트」의 테마번호와 일치합니다. 「양자택일」 문제를 풀어본 후 심화 학습으로 해당 테마의 「빵꾸노트」를 풀어보면 확실히 "내 것"이 될 것입니다.

### [테마01~테마02] 토지표시의 조사와 등록 결/소, 등/장

1. [국토교통부장관/지적소관청]은(는) [모든 토지/관리 토지]에 대하여 필지별로 소재 · 지번 · 지목 · 면적 · 경계 또는 좌표 등을 조사 · 측량하여 지적공부에 등록하여야 한다.
2. 지적공부에 등록하는 지번 · 지목 · 면적 · 경계 또는 좌표는 [토지의 이동/토지의 이용]이 있을 때 토지소유자의 신청을 받아 [국토교통부장관/지적소관청]이 결정한다.
3. 지적소관청은 토지의 이동현황을 직권으로 조사 · 측량하여 토지의 지번 · 지목 · 면적 · 경계 또는 좌표를 결정하려는 때에는 [토지이동현황 조사계획/토지이용현황 조사계획]을 수립하여야 한다.

정답 및 해설
1. [국토교통부장관], [모든 토지]    결/소 등/장
   토지의 표시 : 결정은 소가 하고, 등록은 장이 한다(결정 = 지적소관청, 등록 = 국/장).
2. [토지의 이동], [지적소관청]
   "토지의 이동(異動)"이란 토지의 표시를 새로 정하거나 변경 또는 말소하는 것을 말한다.
   토지표시의 결정은 소관청이 하고, 등록은 국/장이 한다(결/소 등/장).
3. [토지이동현황 조사계획] 토지 '이동'과 토지 '이용' 구별하기

### [테마03~테마09] 지번 1

1. 지번은 [국토교통부장관/지적소관청]이 지번부여지역별 = [시 · 군 · 구별/동 · 리별]로 차례대로 부여한다.
2. 지번은 아라비아숫자로 표기하되, [토지대장 및 지적도/임야대장 및 임야도]에 등록하는 토지의 지번은 숫자 [앞/뒤]에 "산"자를 붙인다.
3. 지번은 [북서/북동]에서 [남동/남서](으)로 차례대로 부여한다.
4. 지번은 본번과 부번으로 구성하되, 본번과 부번 사이에 [-/의] 표시로 연결한다. 이 경우 "-" 표시는 "의"라고 [적는다/읽는다].
5. 신규등록의 경우에는 그 지번부여지역에서 인접토지의 [본번/부번]에 [본번/부번]을 붙여서 지번을 부여하는 것을 원칙으로 한다.
6. 신규등록 대상토지가 그 지번부여지역의 최종 지번의 토지에 인접하여 있는 경우에는 그 지번부여지역의 최종 [본번/부번]의 다음 순번부터 [본번/부번]으로 하여 순차적으로 지번을 부여할 수 있다.

7. 등록전환 대상토지가 여러 필지로 되어 있는 경우에는 그 지번부여지역의 최종 [본번/부번]의 다음 순번부터 [본번/부번]으로 하여 순차적으로 지번을 부여할 수 있다.

8. 분할의 경우에는 분할 후의 필지 중 1필지의 지번은 분할 전의 지번으로 하고, 나머지 필지의 지번은 본번의 최종 [본번/부번] 다음 순번으로 [본번/부번]을 부여한다.

9. 합병의 경우에는 합병 대상 지번 중 [선순위/후순위]의 지번을 그 지번으로 하되, [본번/부번]으로 된 지번이 있을 때에는 [본번/부번] 중 [선순위/후순위]의 지번을 합병 후의 지번으로 하여야 한다.

10. 지적확정측량을 실시한 지역의 각 필지에 지번을 새로 부여하는 경우에는 지적확정측량을 실시한 지역의 종전의 지번과 지적확정측량을 실시한 지역 밖에 있는 본번이 같은 지번이 있을 때에는 그 지번과 지적확정측량을 실시한 지역의 경계에 걸쳐 있는 지번을 [포함/제외]한 [본번/본번과 부번]으로 부여하여야 한다.

---

정답 및 해설

1. [지적소관청], [동·리별]

2. [임야대장 및 임야도], [앞]

  토지대장 및 지적도에 등록하는 토지의 지번: 아라비아 숫자

  임야대장 및 임야도에 등록하는 토지의 지번: 아라비아 숫자의 '앞'에 '산'

3. [북서], [남동]

4. [-], [읽는다]

  시행령 제56조 ② 지번은 본번(本番)과 부번(副番)으로 구성하되, 본번과 부번 사이에 "−" 표시로 연결한다. 이 경우 "−" 표시는 "의"라고 읽는다.

5. [본번], [부번]   **인접지 본/부**

  시행령 제56조 ③항 2. 신규등록 및 등록전환의 경우에는 그 지번부여지역에서 **인접**토지의 **본**번에 **부**번을 붙여서 지번을 부여할 것: 신규등록은 인접지 본/부에서

6. [본번], [본번]   **여/인/멀리 = 최종본/본**

  신규등록과 등록전환은 지번부여방법이 동일하다.

  신규등록이나 등록전환하는 토지가 ① 여러 필지, ② 최종지번지 인접한 토지, ③ 멀리 떨어진 토지인 경우 최종본/본

7. [본번], [본번]

  6번 해설 참고: 여/인/멀리 → 최종본/본

8. [부번], [부번]

  시행령 제56조 ③항 3. 분할의 경우에는 분할 후의 필지 중 1필지의 지번은 분할 전의 지번으로 하고, 나머지 필지의 지번은 본번의 최종 부번 다음 순번으로 부번을 부여할 것

  : 분할할 땐 **최종부/부**

9. [선순위], [본번], [본번], [선순위]

  합병의 경우에는 합병 대상 지번 중 **선순위**의 지번을 그 지번으로 하되, 본번으로 된 지번이 있을 때에는 **본번 중 선순위**의 지번을 합병 후의 지번으로 하여야 한다.

10. [제외], [본번]

지적확정측량을 실시한 지역의 각 필지에 지번을 새로 부여하는 경우에는 지적확정측량을 실시한 지역의 종전의 지번과 지적확정측량을 실시한 지역 밖에 있는 본번이 같은 지번이 있을 때에는 그 지번과 지적확정측량을 실시한 지역의 경계에 걸쳐 있는 지번을 제외하 본번으로 부여하여야 한다.

## [테마03~테마09] 지번 2

1. 합병의 경우로서 토지소유자가 합병 전의 필지에 주거·사무실 등의 건축물이 있어서 그 건축물이 위치한 지번을 [우선하여/합병 후의 지번으로 신청할 때에는] 합병 후의 지번으로 부여하여야 한다.
2. 등록전환 시행지역의 필지에 지번을 부여할 때에는 그 지번부여지역에서 인접토지의 본번에 [다음 순번의 본번/부번]을 붙여서 지번을 부여하여야 한다.
3. 행정구역 개편에 따라 새로 지번을 부여할 때에는 [신규등록지역의/도시개발사업 등이 완료됨에 따라 지적확정측량을 실시한 지역의] 지번부여 방법을 준용한다.
4. 지적소관청은 도시개발사업 등이 준공되기 전에 사업시행자가 지번부여 신청을 하면 지번을 부여할 수 있으며, 도시개발사업 등이 준공되기 전에 지번을 부여하는 때에는 [사업계획도/사업인가서]에 따르되, 지적확정측량을 실시한 지역의 지번부여 방법에 따라 지번을 부여하여야 한다.
5. 지적소관청은 지번을 변경할 필요가 있다고 인정하면 [국토교통부장관/시·도지사나 대도시 시장]의 승인을 받아 지번부여지역의 전부 또는 일부에 대해 지번을 새로 부여할 수 있다.
6. 토지를 분할하는 경우 주거·사무실 등의 건축물이 있는 필지에 대하여는 분할 전의 지번을 [신청이 있으면/우선하여] 부여하여야 한다.

정답 및 해설
1. [합병 후의 지번으로 신청할 때에는]
   분할 전 또는 합병 전 토지에 주거나 사무실 등의 건축물이 있는 경우 :
   분/당 병/신 = 분할은 '당연히', 합병은 '신청해야'
2. [부번]
   신규등록, 등록전환할 때 지번은 '인접지 본/부'가 원칙
3. [도시개발사업 등이 완료됨에 따라 지적확정측량을 실시한 지역의]
   지적확정측량 실시지역의 지번부여방법을 준용하는 경우 4개
   지번변경, 행정구역 개편, 축척변경, 도시개발사업 등 준공 전 = 지/행/축/도
4. [사업계획도]
5. [시·도지사나 대도시 시장]
   지적법에서 시·도지사나 대도시 시장의 승인받는 것 3개
   : 축척변경, (지적공부) 반출, 지번변경 = 축/반/지 시/대 승인
6. [우선하여]
   분/당 병/신 = 분할은 '당연히'(= 우선하여), 합병은 '신청해야'

## [테마10~테마11] 지목 1

1. 필지마다 하나의 지목을 설정하여야 하고, 1필지가 둘 이상의 용도로 활용되는 경우에는 [주된/모든] 용도에 따라 지목을 설정하여야 한다.

2. 토지가 일시적 또는 임시적인 용도로 사용될 때에는 지목을 변경[하여야 한다/하지 아니한다].

3. 지목이 공장용지인 경우 이를 지적도에 등록하는 때에는 [공/장]으로 표기하여야 하고, 목장용지는 [목/장]으로 표기하여야 한다.

4. 용수 또는 배수를 위하여 일정한 형태를 갖춘 인공적인 수로의 지목은 [하천/구거](으)로 한다.

5. 연·왕골 등이 자생하는 배수가 잘 되지 아니하는 토지는 [유지/답](으)로 한다.

6. 천일제염 방식으로 하지 아니하고 동력으로 바닷물을 끌어들여 소금을 제조하는 공장시설물의 부지는 '염전'으로 [한다/하지 아니한다].

7. 자동차·선박·기차 등의 제작 또는 정비공장 안에 설치된 급유·송유시설의 부지는 '주유소용지'로 [한다/하지 아니한다].

8. 제조업을 하고 있는 공장시설물의 부지와 같은 구역에 있는 의료시설 등 부속시설물의 부지의 지목은 "공장용지"로 [한다/하지 아니한다].

9. 산림 및 원야를 이루고 있는 자갈땅·모래땅·습지·황무지 등의 토지는 [잡종지/임야]로 한다.

10. 과수류를 집단적으로 재배하는 토지에 접속된 주거용 건축물의 부지는 [과수원/대]으로 한다.

---

정답 및 해설

1. [주된]
   지목설정원칙 3개: 1필지 1지목 원칙 + 주지목추종의 원칙 + 영속성 원칙

2. [하지 아니한다]
   영속성 원칙

3. [장], [목]
   도면에 표기하는 부호를 차문자로 하는 것 4개: **장/차/천/원**
   공**장**용지, 주**차**장, 하**천**, 유**원**지: 공장/장, 주차/차, 하천/천, 유원/원

4. [구거]
   자연유수 = 하천, 자연유수 + 소규모 = 구거, 인공수로·둑 = 구거

5. [유지] **재/답 자/유**
   연, 왕골 **재**배 = **답**
   연, 왕골 **자**생 = **유**지

6. [하지 아니한다]

   **학**교용지/공**장**용지/**종**교용지는 모든 것을 흡수하는 지목이다.

   **학/장/종** 나오면 지목은 **학/장/종**이다.

   '공장' 나오면 '공장용지'

7. [하지 아니한다]

   '공장' 나오면 '공장용지'

8. [한다]

   의료시설 등의 부지는 '대'로 하는 것이 원칙이나,

   '공장'나오면 '공장용지'

9. [임야]

   **~지 ~지 ~지 ~땅 ~땅** 나오면 '**임야**'이다.

10. [대]

    **과**수원/**목**장용지/**묘**지 안에 있는 주거용이나 관리용 건축물의 부지는 '대'

    **과/목/묘** 안 건축물은 '대'

---

## [테마10~테마11] 지목 2

1. 자동차 등의 판매목적으로 설치된 물류장 및 야외전시장은 '주차장'으로 [한다/하지 않는다].
2. 물건 등을 보관하거나 저장하기 위하여 독립적으로 설치된 보관시설물의 부지와 이에 접속된 부속시설물의 부지는 [창고용지/잡종지]로 하고, 실외에 물건을 쌓아두는 곳의 부지는 [창고용지/잡종지]로 한다.
3. 학교용지·공원·종교용지 등 다른 지목으로 된 토지에 있는 유적·고적·기념물을 보호하기 위하여 구획된 토지는 '사적지'로 [한다/하지 아니한다].
4. 지하에서 석유류 등이 용출되는 용출구와 그 유지에 사용되는 부지는 [주유소용지/광천지]로 한다.
5. 온수·약수·석유류 등을 일정한 장소로 운송하는 송수관·송유관 및 저장시설의 부지는 광천지로 [한다/하지 않는다].
6. 「도시공원 및 녹지 등에 관한 법률」에 따른 묘지공원으로 결정·고시된 토지는 [묘지/공원]으로 한다.
7. 「산업집적활성화 및 공장설립에 관한 법률」 등 관계법령에 따른 공장부지 조성공사가 준공된 토지의 지목은 [대/공장용지]로 한다.
8. 학교용지·공원·종교용지 등 다른 지목으로 된 토지에 있는 유적·고적·기념물을 보호하기 위하여 구획된 토지는 '사적지'로 [한다/하지 아니한다].
9. 묘지의 관리를 위한 건축물의 부지의 지목은 [묘지/대]로 한다.
10. [육상/해상]에 인공으로 조성된 수산생물의 번식 또는 양식을 위한 시설을 갖춘 부지와 이에 접속된 부속시설물의 부지의 지목은 "양어장"으로 한다.

정답 및 해설

1. [하지 않는다]

　노상주차장, 부설주차장, 물류장, 야외전시장은 '주차장'이 '아니다'.

　단, 시설물 부지의 **'인근'에 설치된 '부설주차장'**은 지목을 주차장으로 한다.

2. [창고용지], [잡종지]

　'보관시설물의 부지' = '창고용지'

　실외에 물건 보관 = '잡종지'

3. [하지 아니한다]

　**학**교용지/**공원**/**종**교용지 내에 유적, 고적, 기념물 부지가 있으면 '사적지'가 아니라

　그대로 학교용지/공원/종교용지이다.

　**학/공/종**은 모두 흡수한다.

4. [광천지]

　온수, 약수, 석유류 **'용출'** = '광천지' ○

　온수, 약수, 석유류 **'운송'** = '광천지' ×

　　: **용/광, 운/안광**

5. [하지 않는다]

　　: **용/광, 운/안광**

6. [묘지]

　국/계/법 상의 공원이나 녹지 = '공원'

　도시공원법 상의 **묘지공원** = '묘지'

7. [공장용지]

　(국/계/법상) **택지조성공사가 준공**된 부지 = '대'

　(산/공/법상) **공장부지조성공사가 준공**된 부지 = '공장용지'

8. [하지 아니한다]

　**학/장/종** 안의 부지는 모두 **학/장/종**

　**학/공/종** 안의 부지는 모두 **학/공/종**

9. [대]

　**과/목/묘** 안의 주거용/관리용 건축물 부지 = '대'

10. [육상]

　　지목은 '토지'의 주된 용도에 따라 결정

## [테마10~테마11] 지목 3

1. 일반 공중의 보건·휴양 및 정서생활에 이용하기 위한 시설을 갖춘 토지로서 「국토의 계획 및 이용에 관한 법률」에 따라 공원 또는 녹지로 결정·고시된 토지는 [공원/체육용지]로 한다.
2. 고속도로의 휴게소부지는 지목을 [대/도로]로 한다.
3. 일반 공중(公衆)의 교통 운수를 위하여 보행에 이용되는 토지의 지목은 [잡종지/도로]로 하고, 교통운수를 위하여 일정한 궤도 등의 설비와 형태를 갖추어 이용되는 토지는 지목을 [도로/철도용지]로 한다.
4. 저유소(貯油所) 및 원유저장소의 부지와 이에 접속된 부속시설물의 부지는 [광천지/주유소용지]로 한다.
5. 여객자동차터미널, 공항시설부지 및 항만시설 부지의 지목은 [주차장/잡종지]로 한다.
6. 자동차운전학원 및 폐차장 등 자동차와 관련된 독립적인 시설물을 갖춘 부지는 [주차장/잡종지](으)로 한다.

---

정답 및 해설
1. [공원]
   국토계획법상 공원이나 녹지 = '공원'
   도시공원법상 **묘지공원 = '묘지'**
2. [도로]
   **'고속도로'의 휴게소**부지만 '도로'이다. 일반 휴게소부지는 도로가 아니다(대).
3. [도로], [철도용지]
   **'보행', '차량운행'**에 이용되는 토지 = 도로
   **'궤도'** 나오면 = '철도용지'
4. [주유소용지]
   '광천지'는 온수, 약수, 석유류가 나와야 한다.
5. [잡종지]
6. [잡종지]
   여객자동**차**터미널, 자동**차**운전학원 및 폐**차**장 등 자동차와 관련된 독립적인 시설물을 갖춘 부지는 잡종지로 한다. **차/차/차**는 잡종지

## [테마12] 경계 설정 기준 : 높/하 절/상

1. 연접되는 토지 간에 높낮이 차이가 없는 경우에는 그 구조물 등의 [하단부/중앙]

2. 연접되는 토지 사이에 높낮이 차이가 있는 경우에는 그 구조물 등의 [상단부/하단부]

3. 도로·구거 등의 토지에 절토(땅깎기)된 부분이 있는 경우에는 그 경사면의 [상단부/하단부]

4. 토지가 해면에 접하는 경우에는 [평균/최대]만조위가 되는 선

5. 공유수면매립지의 토지 중 제방 등을 토지에 편입하여 등록하는 경우에는 [안쪽/바깥쪽] 하단 부분

정답 및 해설

1. [중앙]

　높낮이 차이 × = 구조물 중앙

　**높**낮이 차이 ○ = **하**단부

　**절**토(땅깎기) = **상**단부

　**해면/수면** = **최대**만조(수)위

　제방 = 바깥쪽 어깨

2. [하단부]

3. [상단부]

4. [최대]

5. [바깥쪽]

## [테마13] 분할시 지상건축물 걸리게 가능 여부

1. 분할에 따른 지상경계는 원칙적으로 지상건축물을 걸리게 결정할 수 [있다/없다].
2. 법원의 확정판결이 있는 경우 지상건축물을 걸리게 결정할 수 [있다/없다].
3. 매매 등을 위하여 토지를 분할하려는 경우 지상건축물을 걸리게 결정할 수 [있다/없다].
4. 공공사업 등에 따라 학교용지·도로·철도용지·제방 등의 지목으로 되는 토지를 분할하는 경우 지상건축물을 걸리게 결정할 수 [있다/없다].
5. 도시개발사업 시행자가 사업지구의 경계를 결정하기 위하여 토지를 분할하는 경우 지상건축물을 걸리게 결정할 수 [있다/없다].
6. 「국토의 계획 및 이용에 관한 법률」에 따른 도시·군관리계획 결정고시와 지형도면 고시가 된 지역의 도시·군관리계획선에 따라 토지를 분할하는 경우 지상건축물을 걸리게 결정할 수 [있다/없다].

정답 및 해설

1. [없다]

   분할에 따른 지상경계는 지상건축물이 걸리게 결정할 수 없다.

   단, 다음 4개의 경우에는 예외 : 판/공/도/관

   ① 확정판결이 있는 경우

   ② 공공사업 등에 따라 학교용지·도로·철도용지·제방 등의 지목으로 되는 토지를 분할하는 경우

   ③ 도시개발사업 시행자가 사업지구의 경계를 결정하기 위하여 토지를 분할하는 경우

   ④ 도시·군관리계획선에 따라 토지를 분할하는 경우

2. [있다]

   판/공/도/관의 '판'

3. [없다]

4. [있다]

   판/공/도/관의 '공'

5. [있다]

   판/공/도/관의 '도'

6. [있다]

   판/공/도/관의 '관'

## [테마14] 지상경계점등록부 : 사/위/좌/표/공실

1. 지상경계점등록부는 [국토교통부장관/지적소관청]이 관리한다.
2. 경계점표지와 경계점의 위치, 경계점의 사진파일은 지상경계점등록부의 등록사항[이다/이 아니다].
3. 경계점 위치 설명도와 경계점 표지의 종류 등을 등록하여 관리하는 장부는 [경계점좌표등록부/지상경계점 등록부]이다.
4. 공부상 지목과 실제 토지이용 지목은 지상경계점등록부의 등록사항[이다/이 아니다].

정답 및 해설
1. [지적소관청]
   지적법상 거의 대부분의 업무처리는 '소'처럼 일하는 '소관청'이 한다.
   ※ **국토교통부 장관과 관련**된 것
   ① 토지표시를 지적공부에 등록 : **결/소 등/장**
   ② 정보처리시스템(전산지적공부)의 복제
   ③ 전국 단위의 지적전산자료 이용 신청 : 국/장, 시·도지사 또는 지적소관청
   ④ 지적정보전담관리기구의 설치와 운영 + 주/가/공/부 전산자료 요청
   ⑤ 지적측량적부재심사 절차
2. [이다]
   지상경계점등록부의 등록사항 : **소재, 지번, 경계점의 사/위/좌/표, 공/실 지목**
   **소재, 지번**, 경계점 **사**진파일, 경계점 **위**치설명도, 경계점 **좌**표(경계점좌표등록부 시행지역에 한함), 경계점 **표**지의 종류 및 경계점 위치, **공**부상 지목과 **실**제 토지이용 지목
3. [지상경계점등록부]
4. [이다]

## [테마15] 면적

1. 경위의 측량방법으로 세부측량을 한 지역의 필지별 면적측정은 [전자면적측정기/좌표면적계산법]에 의한다.

2. 신규등록이나 등록전환을 하는 때에는 측량[하여/하지 않고] 면적을 정하고, 토지합병을 하는 경우의 면적 결정은 측량[하여/하지 않고] 정한다.

3. 경계점좌표등록부에 등록하는 지역의 토지 면적은 [제곱미터 단위/제곱미터 이하 한자리 단위]로 결정한다.

4. 지적도의 축척이 600분의 1인 지역에서 신규등록할 1필지의 면적을 계산한 값이 $0.050m^2$이면 실제 등록면적은 [$0.05m^2$/$0.1m^2$]이다.

5. 지적도의 축척이 600분의 1인 지역에서 신규등록할 1필지의 면적을 측정한 값이 $145.450m^2$인 경우 등록면적은 [$145.4m^2$/$145.5m^2$]이다.

---

정답 및 해설

1. [좌표면적계산법]

   도면을 이용한 면적 측정 = 전자면적측정기법

   좌표(경위의 측량)를 이용한 면적 측정 = 좌표면적계산법

2. [하여], [하지 않고]

   신규등록이나 등록전환은 당연히 측량을 하여야 하고, 합병은 측량하지 아니한다.

3. [제곱미터 이하 한자리 단위]

   ※ 등록단위(= 최소 등록 면적)

   경계점좌표등록부 비치지역(1/500), 1/600 등록토지 = 제곱미터 이하 한자리 단위 = $0.1m^2$

   기타 지역 = 제곱미터 단위 = $1m^2$

4. [$0.1m^2$]

   최소등록면적

5. [$145.4m^2$]

   끝수가 0.5제곱미터 미만일 때는 버리고 0.5제곱미터를 초과하면 올린다.

   끝수가 0.5제곱미터이면 아래의 5사5입원칙 적용

   5사5입원칙 : 5 앞자리의 수(= 등록되는 마지막 자리의 수)가 0, 짝수이면 5를 버리고

   　　　　　　 5 앞자리의 수(= 등록되는 마지막 자리의 수)가 홀수이면 5를 올린다.

[테마16] 지적공부 등록사항 : 목/도/장 축/도/장, 면/장, 이/장, 공/장, 등/장
공/대에만 지분있고 도/번없다. 도면에만 고/번 없다.

1. 토지의 소재와 지번은 모든 지적공부에 공통으로 등록되는 사항[이다/이 아니다].

2. 토지소유자의 성명, 주소, 주민등록번호와 소유자가 변경된 날과 그 원인이 모두 등록되는 지적공부는
[            ], [               ], [              ], [                ]이다.

3. 부동산 중개업자 甲이 매도의뢰 대상토지에 대한 소재, 지번, 지목과 면적을 모두 매수의뢰인 乙에게 설명
하고자 하는 경우 적합한 것은 [경계점좌표등록부 등본/토지대장 등본]이다.

4. 토지의 이동사유를 등록하는 지적공부는 [토지대장/ 공유지연명부]이다.

5. 경계, 건축물 및 구조물 등의 위치가 등록되는 지적공부는 [지적도/경계점좌표등록부]이다.

6. 소유권 지분과 전유부분의 건물표시가 등록되는 지적공부는 [공유지 연명부/대지권 등록부]이다.

7. 대지권비율과 건물의 명칭이 등록되는 지적공부는 [공유지 연명부/대지권 등록부]이다.

8. 소유권 지분 및 토지소유자가 변경된 날과 그 원인이 등록되는 지적공부는 [   ]과 [   ]이다.

9. 공유지 연명부와 대지권등록부에 공통적으로 등록되는 사항은 [소유권의 지분/도면의 번호]이다.

10. 지적도 및 임야도에 공통적으로 등록되지 않는 사항은 [건축물 및 구조물의 위치/토지의 고유번호]이다.

- - - - - - - - - - - - - - - - - - - - - - - - - - - - - - - - - - - - - - - - - - - - - - - - - - - - - - - - - - - - - - -

정답 및 해설

1. [이다]
소재, 지번은 모든 지적공부에 등록되는 공통등록사항이다.
목도장/축도장/면장/이장/공장/등장
공/대에만 지분있고 도번없다.
도면에만 고유번호 없다.

2. [토지대장], [임야대장], [공유지연명부], [대지권등록부]
소유자가 등록되는 지적공부는 대장 4개뿐이다.

3. [토지대장 등본]   소재, 지번은 공통등록, 목도장, 면장

4. [토지대장]   이장

5. [지적도]   ~위치, ~위치, ~수치 : 도면의 등록사항

6. [대지권 등록부]
대지권등록부에만 등록되는 사항 3개 = 건물의 명칭, 전유부분의 건물표시, 대지권의 비율

7. [대지권 등록부]

8. [공유지 연명부], [대지권 등록부]   공/대에만 지분있고, 도/번 없다.

9. [소유권의 지분]   공/대에만 지분있고, 도/번 없다.

10. [토지의 고유번호]   공/대에만 도/번 없고, 도면에만 고/번 없다.

## [테마17] 경계점좌표등록부

1. 좌표로 계산된 경계점 간의 거리를 등록하는 지적공부는 [경계점좌표등록부/경계점좌표등록부를 갖춰두는 지역의 지적도]이다.

2. 경계점좌표등록부를 갖춰두는 지역의 [지적도/임야도]에는 해당 도면의 제명 [앞/끝]에 "(좌표)"라고 표시하여야 한다.

3. 경계점좌표등록부를 갖춰두는 지역의 지적도에는 도곽선의 [오른쪽/왼쪽] [아래/위] [앞/끝]에 "이 도면에 의하여 측량을 할 수 없음"이라고 적어야 한다.

4. 경계점좌표등록부를 갖춰 두는 토지는 [        ]측량 또는 [        ]을 위한 측량을 실시하여 경계점을 좌표로 등록한 지역의 토지로 한다.

5. 지상건축물 등의 현황을 지적도 및 임야도에 등록된 경계와 대비하여 표시하는 지적측량은 [지적확정측량/지적현황측량]이라고 한다.

---

정답 및 해설

1. [경계점좌표등록부를 갖춰두는 지역의 지적도]

   헷갈리지 않도록 잘 구별할 것

2. [지적도], [끝]

   경계점좌표등록부를 갖춰두는 지역에는 '지적도'와 '토지대장'을 함께 비치한다. 임야도 지역에는 경계점좌표등록부가 비치되지 않는다.

3. [오른쪽], [아래], [끝]    **오/아/끝**

4. [지적확정], [축척변경]

   경계점좌표등록부는 **지**적확정측량/**축**척변경측량지역에 비치 : **'지/축'측량**

5. [지적현황측량]

   지적확정측량 : 도시개발사업 등 실시지역에서 하는 측량

   지적현황측량 : **건축물의 위치현황**을 잡는 측량

## [테마18] 축척

1. $\frac{1}{500}$, $\frac{1}{600}$, $\frac{1}{1000}$, $\frac{1}{1200}$, $\frac{1}{2400}$, $\frac{1}{3000}$, $\frac{1}{6000}$ 등 7개의 축척은 [지적도/임야도]의 축척이다.

2. $\frac{1}{3000}$, $\frac{1}{6000}$ 등 2개의 축척은 [지적도/임야도]의 축척이다.

정답 및 해설

1. [지적도]

　지적도의 축척(7개) : $\frac{1}{500}$, $\frac{1}{600}$, $\frac{1}{1000}$, $\frac{1}{1200}$, $\frac{1}{2400}$, $\frac{1}{3000}$, $\frac{1}{6000}$

　　　　　　　큰 축척 ⟵　　　　　　　⟶ 작은 축척

2. [임야도]

　1번 해설 참고

## [테마19] 지적공부 보존 관리

1. [지적소관청/관할 시·도지사, 시장·군수 또는 구청장]은 해당 청사에 [지적서고/지적정보관리체계]를 설치하고 그 곳에 지적공부(정보처리시스템을 통하여 기록·저장한 경우는 제외한다)를 영구히 보존하여야 하고, 멸실시에는 복구하여야 한다.

2. 지적공부를 정보처리시스템을 통하여 기록·저장한 경우 [지적소관청/관할 시·도지사, 시장·군수 또는 구청장]은 그 지적공부를 지적정보관리체계에 영구히 보존하여야 하고, 멸실시에는 복구하여야 한다.

3. 정보처리시스템을 통하여 기록·저장된 지적공부(지적도 및 임야도는 제외한다)를 열람하거나 그 등본을 발급받으려는 경우에는 [특별자치시장, 시장·군수 또는 구청장/특별자치시장, 시장·군수 또는 구청장이나 읍·면·동의 장]에게 신청할 수 있다.

4. 지적소관청은 [국토교통부장관/시·도지사 또는 대도시 시장]의 승인을 받으면 지적공부를 해당 청사 밖으로 반출할 수 있다.

5. 정보처리시스템을 통하여 기록·저장된 지적공부는 [국토교통부장관/지적소관청]이 복제하여 관리하는 정보관리체계를 구축하여야 한다.

---

정답 및 해설

1. [지적소관청], [지적서고]
   ① **지적공부**(정보처리시스템을 통하여 기록·저장한 경우는 제외) : **지적소관청**은 해당 청사에 지적서고를 설치하고 그 곳에 영구 보존
   ② **정보처리시스템** : **관할 시·도지사, 시장·군수 또는 구청장**은 그 지적공부를 지적정보관리체계에 영구 보존

2. [관할 시·도지사, 시장·군수 또는 구청장]

3. [특별자치시장, 시장·군수 또는 구청장이나 읍·면·동의 장]
   ① 지적공부의 공개신청 : 해당 지적소관청
   ② 정보처리시스템의 공개신청 : 특별자치시장, 시장·군수 또는 구청장이나 읍·면·동의 장

4. [시·도지사 또는 대도시 시장]
   **축**척변경 + (지적공부의) **반**출 + **지**번변경 : **축/반/지 시/대 승인** 받아야.

5. [국토교통부장관]   **처/복은 국/장, 종/복은 소관청**
   정보**처**리시스템의 **복제**는 **국/장**
   부동산**종**합공부의 **복제**는 **소관청**

## [테마20] 지적서고    2중/2중, 20±5/ 65±5, 벽15/높이10

1. [지적소관청/시·도지사]은(는) 해당 청사에 지적서고를 설치하고 그 곳에 지적공부를 영구히 보존하여야 한다.

2. 카드로 된 토지대장·임야대장·공유지연명부·대지권등록부 및 경계점좌표등록부는 [100장/200장] 단위로 바인더(binder)에 넣어 보관하여야 한다.

3. 지적도면은 지번부여지역별로 도면번호순으로 보관하되, [100장/각 장]별로 보호대에 넣어야 한다.

4. 온도 및 습도 자동조절장치를 설치하고, 연중 평균온도는 섭씨 20±5도를, 연중평균습도는 [60/65]±5퍼센트를 유지하여야 한다.

5. 지적서고는 지적사무를 처리하는 사무실과 [연접(連接)하여/독립하여 멀리] 설치하여야 한다.

---

정답 및 해설

1. [지적소관청]

    지적공부 보존 = 지적소관청

    정보처리시스템 보존 = 관할 시도지사 또는 시장, 군수, 구청장

2. [100장]

    도면 제외 : 100장 단위로 바인더에 넣어 보관

    **도면 : 각 장별로 보호대에** 보관

3. [각 장]

4. [65]

    20, 65 둘다 ±5

5. [연접하여]

    사무실과 지적서고는 가깝게 있어야 업무가 편하다.

www.pmg.co.kr

**[테마21] 지적전산자료**

1. 지적전산자료(연속지적도[포함/제외])를 이용하려는 자는 지적전산자료의 이용 또는 활용목적 등에 관하여 [미리/후에] 관계 [중앙행정기관/지적소관청]의 심사를 받아야 한다. 다만, 중앙행정기관의 장, 그 소속 기관의 장 또는 지방자치단체의 장이 신청하는 경우에는 그러하지 아니하다.

2. 다음의 어느 하나에 해당하는 경우에는 관계 중앙행정기관의 심사를 받지 [아니한다/아니할 수 있다].
   ① [토지소유자/이해관계인]이 자기 토지에 대한 지적전산자료를 신청하는 경우
   ② 토지소유자가 사망하여 [지적소관청/상속인]이 피상속인의 토지에 대한 지적전산자료를 신청하는 경우
   ③ 「개인정보 보호법」 제2조 제1호에 따른 개인정보를 [포함/제외]한 지적전산자료를 신청하는 경우

3. [전국 단위/시·도 단위]의 지적전산자료는 국토교통부장관, 시·도지사 또는 지적소관청에 신청하여야 한다.

4. 시·도 단위의 지적전산자료는 [국토교통부장관/시·도지사 또는 지적소관청]에 신청하여야 한다.

5. 시·군·구(자치구가 아닌 구를 포함) 단위의 지적전산자료는 [시·도지사 또는 지적소관청/지적소관청]에 신청하여야 한다.

정답 및 해설
1. [포함], [미리], [중앙행정기관]
2. [아니할 수 있다], ① [토지소유자], ② [상속인], ③ [제외]
3. [전국 단위]
4. [시·도지사 또는 지적소관청]
5. [지적소관청]

**30** 부동산공시법령

## [테마22] 연속지적도

1. [국토교통부장관/지적소관청]은 연속지적도의 관리 및 정비에 관한 정책을 수립·시행하여야 한다.

2. [국토교통부장관/지적소관청]은 연속지적도를 체계적으로 관리하기 위하여 연속지적도 정보관리체계를 구축·운영할 수 있다.

3. [국토교통부장관/지적소관청]은 지적도·임야도에 등록된 사항에 대하여 토지의 이동 또는 오류사항을 정비한 때에는 이를 연속지적도에 반영하여야 한다.

정답 및 해설

1. [국토교통부장관]

   연속지적도에 관한 **정책수립**과 **정보관리체계의 구축운영**은 **국토교통부장관**이 하고,

   도면의 정비사항을 **연속지적도에 반영**하는 것은 **지적소관청**이 한다.

2. [국토교통부장관]

3. [지적소관청]

## [테마23~테마24] 부동산종합공부

1. [지적소관청/국토교통부장관]은 부동산종합공부에 「공간정보의 구축 및 관리 등에 관한 법률」에 따른 지적공부의 내용에서 토지의 표시와 소유자에 관한 사항을 등록하여야 한다.

2. 지적소관청은 부동산종합공부에 「토지이용규제 기본법」 제10조에 따른 [지번별 조서/토지이용계획확인서]의 내용에서 토지의 이용 및 규제에 관한 사항을 등록하여야 한다.

3. 지적소관청은 부동산의 효율적 이용과 부동산과 관련된 정보의 종합적 관리·운영을 위하여 부동산종합공부를 관리·운영하며, [지적소관청/국토교통부장관]은 부동산종합공부의 멸실 또는 훼손에 대비하여 이를 별도로 복제하여 관리하는 정보관리체계를 구축하여야 한다.

4. 부동산종합공부를 열람하거나 부동산종합공부 기록사항의 전부 또는 일부에 관한 증명서를 발급받으려는 자는 [지적소관청/지적소관청이나 읍·면·동의 장]에게 신청할 수 있다.

5. 지적소관청은 부동산종합공부의 등록사항 중 등록사항 상호 간에 일치하지 아니하는 사항에 대해서는 [토지소유자/등록사항을 관리하는 기관의 장]에게 그 내용을 통지하여 등록사항정정을 요청할 수 있다.

---

정답 및 해설

1. [지적소관청]

부동산종합공부의 **보존, 복제, 관리와 운영 모두 지적소관청**이 한다.

부동산종합공부의 등록사항은 5개

① 토지의 표시와 소유자 : 지적공부

② 건축물의 표시와 소유자 : 건축물대장

③ 토지의 이용과 규제 : 토지이용계획확인서

④ 부동산의 가격 : 가격공시에 관한 법률상의 개별공시지가, 개별주택가격, 공동주택가격

⑤ 부동산의 권리 : 등기법이 정하는 사항

2. [토지이용계획확인서]

토지이용계획확인서는 부동산종합공부에서만 등장한다. 다른 곳에서 나오면 틀린다.

3. [지적소관청]

부동산종합공부의 보존, 복제·관리와 운영 모두 지적소관청이 한다.

정보처리시스템 복제는 국/장, 부동산종합공부 복제는 소관청 : **처/복 국/장, 종/복 소관청**

4. [지적소관청이나 읍·면·동의 장]

전산화 되어 있는 부동산종합공부와 정보처리시스템은 모두 '또는 읍·면·동의 장'에게 공개신청 가능

5. [등록사항을 관리하는 기관의 장]

부동산종합공부의 불일치 정정 :

① **지적소관청**은 등록사항을 관리하는 **기관의 장에게** 정정을 요청

② **소유자**는 **지적소관청에** 정정을 신청

## [테마25] 지적정보전담관리기구

1. [국토교통부장관/지적소관청]은 지적공부의 효율적인 관리 및 활용을 위하여 지적정보 전담 관리기구를 설치·운영한다.

2. 국토교통부장관은 지적공부를 과세나 부동산정책자료 등으로 활용하기 위하여 [주민등록전산자료/지적등록전산자료], [가족관계등록전산자료/건축물등록전산자료], [종합소득세등록자료/부동산등기전산자료] 또는 [토지등급전산자료/공시지가전산자료] 등을 관리하는 기관에 그 자료를 요청할 수 있으며 요청을 받은 관리기관의 장은 특별한 사정이 없으면 그 요청을 따라야 한다.

정답 및 해설

1. [국토교통부장관]
   지적법에서 유일하게 국토교통부장관이 설치·운영하는 기구이다.
2. [주민등록전산자료], [가족관계등록전산자료], [부동산등기전산자료], [공시지가전산자료]
   주/가/공/부

[테마26] 지적공부 복구자료    등기부/판결/등/결/결/소/복

1. [토지이동정리 결의서/토지이용계획확인서]는 지적공부의 복구자료이다.

2. [부동산종합증명서/지적측량수행계획서]는 지적공부의 복구자료이다.

3. 지적공부(정보처리시스템을 통하여 기록·저장한 지적공부의 경우에는 제외)의 전부 또는 일부가 멸실 되거나 훼손된 경우 이를 복구하여야 하는 자는 [지적소관청/시·도지사, 시장·군수 또는 구청장]이다.

4. 지적공부를 복구할 때 소유자에 관한 사항은 [              ]나 [              ]에 따라 복구하여야 한다.

5. 지적공부의 전부 또는 일부가 멸실되거나 훼손된 경우에는 [지체없이/1월 이내] 이를 복구하여야 한다.

---

정답 및 해설

1. [토지이동정리 결의서]

   * 토지이용계획확인서는 '부동산종합공부'에서만 등장한다.

   복구자료는 7개 : **등기부, 판결, 등/결/결/소/복**

   ① 부동산**등기부**    ② 확정**판결**

   ③ 지적공부 **등**본    ④ 토지이동정리 **결**의서    ⑤ 측량**결**과도

   ⑥ **소**관청이 작성, 발행한 지적공부의 등록내용을 증명하는 서류(부동산종합증명서)

   ⑦ 국/장에 의해 **복**제된 지적공부

2. [부동산종합증명서]

3. [지적소관청]

   지적공부 **보관자 = 복구자**

   지적공부(정보처리시스템 제외) 복구자 : 지적소관청

   정보처리시스템 복구자 : 시·도지사, 시장·군수 또는 구청장

4. [부동산등기부], [확정판결]

   소유자 복구는 반드시 위 2개의 자료로만 가능하다.

5. [지체없이]

   '지적공부의 복구'와 '등기촉탁'은 "지체없이" 하여야 한다.

   신규등록을 할 때에는 등기가 아직 없으므로 소유자는 지적소관청이 직접 결정하여야 한다.

## [테마27] 복구절차

1. 복구자료도에 따라 측정한 면적과 지적복구자료 조사서의 조사된 면적의 증감이 허용범위 [이내/초과]이면 복구측량을 하여야 한다.
2. 지적공부를 복구하려는 지적소관청은 복구하려는 토지의 표시 등을 시·군·구 게시판 및 인터넷 홈페이지에 [15일/20일]이상 공고하여야 한다.
3. 신규등록은 토지소유자가 사유발생일부터 [30일/60일] 이내에 [지적소관청/시·도지사]에게 신청하여야 하며, 기간 내에 신청하지 않으면 과태료를 부과[한다/하지 않는다].
4. 신규등록을 한 지적소관청은 지체없이 등기촉탁을 [하여야 한다/하지 아니한다].
5. 신규등록을 할 때 토지소유자는 지적소관청이 [직접 조사하여/등기소의 연락을 받아] 결정하여 등록한다.

---

정답 및 해설
1. [초과]

**허용범위 이내 : 조사된 면적**을 복구면적으로 결정

**허용범위 초과** : 복구**측량**을 하여야

(사소한 차이이면 조사된 면적으로, 막대한 차이이면 새로 측량)

2. [15일]

복구하기 전 **15일 이상 게시**하고, **게시기간동안 이의신청**을 받는다.

3. [60일], [지적소관청], [하지 않는다]

토지이동은 토지소유자가 지적소관청에 신청

대부분 **사유발생일부터 60일 이내**에 신청

**단, 등록말소**의 경우에만 소관청의 **통지를 받은 날부터 90일 이내**에 신청

4. [하지 아니한다]

토지이동 중 유일하게 **신규등록은 등기촉탁을 하지 않는다.**

선등록후등기 원칙이므로 아직 등기 자체가 없다.

5. [직접 조사하여]

대장상의 **소유자는 등기를 기초**로 하여 정하지만, **신규등록을 할 때**에는 등기가 아직 없으므로 **지적소관청이 직접 결정**하여야 한다.

## [테마28~테마30] 신규등록 등록전환 허가신고/대/사/관

1. 신규등록하는 토지의 소유자는 [지적소관청/국토교통부장관]이 직접 조사하여 등록한다.
2. 신규등록을 한 지적소관청은 등기촉탁을 [하여야 한다/하지 아니한다].
3. 토지소유자는 등록전환할 토지가 있으면 그 사유가 발생한 날부터 [60일/90일] 이내에 [지적소관청/국토교통부장관]에 등록전환을 신청하여야 한다.
4. 관계 법령에 따른 개발행위허가 등을 받은 토지는 [지목변경/등록전환]을 신청할 수 있다.
5. 임야도에 등록된 토지가 사실상 형질변경되었으나 지목변경을 할 수 없는 경우에는 지목변경 없이 등록전환을 신청할 수 [없다/있다].
6. 등록전환에 따른 면적을 정할 때 임야대장의 면적과 등록전환될 면적의 차이가 오차의 허용범위 이내인 경우, [임야대장의 면적/등록전환될 면적]을 등록전환 면적으로 결정한다.
7. 임야대장의 면적과 등록전환될 면적의 차이가 오차의 허용범위를 초과하는 경우 지적소관청이 임야대장의 면적 또는 임야도의 경계를 직권으로 정정하여야 한다. [○, ×]

---

정답 및 해설

1. [지적소관청]

   신규등록만 가지는 2개의 특징 : **소유자는 소관청이 조사/결정 + 등기촉탁 ×**

2. [하지 아니한다]

   선등록 후등기 원칙에 따라 신규등록하는 경우 등기기록은 아직 존재하지 아니한다. 그러므로 신규등록하는 경우 소유자는 소관청이 직접 조사/결정하고, 등기촉탁하지 않는다.

3. [60일], [지적소관청]

   토지이동의 신청은 대부분 **사유발생일부터 60일 이내** 소유자가 소관청에 신청

   **단, 등록말소는 소관청의 통지를 받은 날부터 90일 이내** 소유자가 소관청에 신청

4. [등록전환]

   등록전환 신청 대상 토지 4개 : **허가, 신고/대/사/관**

   ① 각종의 ~**허가/신고**, ② **대**부분 등록전환~ ③ **사**실상 형질변경~

   ④ 도시**관**리계획선에 따라~

5. [있다]

6. [등록전환될 면적]

   **허용범위 이내**( = 사소한 오차) : 등록전환**될** 면적 = 옛날의 사소한 잘못은 그대로 두고 새것으로 간다.

   **허용범위 초과**( = 막대한 오차) : 임야대장의 면적과 임야도의 경계를 **직권정정** 후 등록전환 : 옛날의 막대한 잘못을 직권으로 고치고 새 면적으로 간다.

7. [○]

## [테마31~테마33] 분할 합병

1. 토지이용상 불합리한 지상경계를 시정하기 위한 경우, 소유권이전이나 매매를 위한 경우에는 분할을 신청 [하여야 한다/할 수 있다].

2. 지적공부에 등록된 1필지의 일부가 관계법령에 의한 형질변경 등으로 용도가 다르게 된 때에는 소관청에 토지의 분할을 신청[할 수 있다/하여야 한다].

3. 토지소유자는 지적공부에 등록된 1필지의 일부가 형질변경 등으로 용도가 변경된 경우에는 용도가 변경된 날부터 [30일/60일] 이내에 지적소관청에 토지의 분할을 신청하여야 한다.

4. 합병에 따른 경계·좌표 또는 면적은 지적측량을 [하여/하지 않고] 결정한다.

5. 토지소유자는 도로, 제방, 하천, 구거, 유지의 토지로서 합병하여야 할 토지가 있으면 그 사유가 발생한 날부터 [60일/90일] 이내에 지적소관청에 합병을 신청하여야 한다.

6. 합병하려는 토지의 소유자별 공유지분이 다른 경우 합병할 수 [있다/없다].

---

정답 및 해설

1. [할 수 있다]
   분할은 신청의무있는 예외가 딱 1개 : **1필지의 일부 용도변경** 있는 경우

2. [하여야 한다]

3. [60일]
   토지이동의 신청은 대부분 사유발생일부터 60일 이내
   등록말소만 소관청의 통지를 받은 날부터 90일 이내

4. [하지 않고]
   **합병은 지적측량의 대상이 아니다.**
   합병에 따른 **면적**은 따로 지적측량을 하지 않고 합병 전 각 필지의 면적을 **합산**하여 합병 후 필지의 면적으로 결정한다.
   합병에 따른 **경계**는 따로 지적측량을 하지 않고 합병 전 각 필지의 경계 중 합병으로 **필요 없게 된 부분을 말소**하여 합병 후 필지의 경계로 결정한다.

5. [60일]
   합병신청의무가 있는 경우 2개
   ① 주택법에 따른 공동주택 부지의 경우
   ② 지목이 학/철/수/유/도/구/제/천/체/공/장 등의 토지로서 합병하여야 할 토지

6. [없다]
   합병은 토지를 1필지로 만드는 토지이동이므로 1필지의 성립요건을 충족하지 않으면 합병할 수 없다.
   1필지 성립요건 : **연/지/지/소/축/등**
   토지가 **연**접될 것 + **지**목 동일 + **지**번부여지역 동일 + **소**유자(지분/주소) 동일 + **축**척 동일한 도면에 등록 + **등**기여부 동일

## [테마34~테마35] 지목변경 등록말소

1. 「국토의 계획 및 이용에 관한 법률」등 관계 법령에 따른 토지의 형질변경 등의 공사가 준공된 경우에는 [등록전환/지목변경]을 그 사유가 발생한 날부터 60일 이내에 지적소관청에 신청하여야 한다.
2. 전·답·과수원 상호간의 지목변경을 신청하는 경우에는 토지의 용도가 변경되었음을 증명하는 서류의 사본 첨부를 생략할 수 [있다/없다].
3. 지목변경 신청에 따른 첨부서류를 해당 지적소관청이 관리하는 경우에는 [지적소관청/시·도지사]의 확인으로 그 서류의 제출을 갈음할 수 있다.
4. 지적소관청은 지적공부에 등록된 토지가 지형의 변화 등으로 바다로 된 경우로서 원상(原狀)으로 회복될 수 없는 경우에는 [토지소유자/공유수면관리청]에게 지적공부의 등록말소 신청을 하도록 통지하여야 하며, 통지받은 날부터 [60일/90일] 이내에 등록말소신청을 하여야 한다.
5. 지적소관청이 직권으로 지적공부의 등록사항을 말소하거나 회복등록하였을 때에는 그 정리 결과를 토지소유자 및 해당 공유수면의 관리청에 통지하여야 한다. [○, ×]
6. 지적소관청은 바다로 된 토지의 등록말소 신청에 의하여 토지의 표시 변경에 관한 등기를 할 필요가 있는 경우에는 [지체 없이/60일 이내에] 관할 등기관서에 그 등기를 촉탁하여야 한다.

---

정답 및 해설

1. [지목변경]

   '공사가 준공된 토지' 나오면 "지목변경" 신청
2. [있다]

   지목변경 증명서류 제출 생략 가능 2개

   ① 전/답/과수원 상호간 지목변경신청

   ② ~ 허가 등 규제를 받지 않는 토지의 지목변경
3. [지적소관청]

   지적소관청이 관리하는 서류는 그 지적소관청이 확인하면 제출 갈음(면제)
4. [토지소유자], [90일]
5. [○]

   소관청은 말소등록을 하든, 회복등록을 하든 항상 2사람 = 토지소유자 및 해당 공유수면의 관리청에 통지
6. [지체 없이]

   모든 등기촉탁은 '지체 없이' 하여야 한다.

**[테마36~테마39] 축척변경절차    동/결/승   20/30 15/20 1월/1월 6월/6월**

1. 지적소관청은 축척변경을 하려면 축척변경 시행지역의 토지소유자 [3분의 2 이상/2분의 1 이상] 동의를 받아 축척변경위원회의 의결을 거친 후 [국토교통부장관/시·도지사 또는 대도시 시장]의 승인을 받아야 한다.

2. 축척변경을 신청하는 토지소유자는 축척변경 사유를 적은 신청서에 축척변경 시행지역의 토지소유자 [3분의 2 이상/2분의 1 이상]의 동의서를 첨부하여 지적소관청에 제출하여야 한다.

3. 축척변경 시행지역의 토지소유자 또는 점유자는 시행공고일부터 [20일/30일] 이내에 시행공고일 현재 점유하고 있는 경계에 경계점표지를 설치하여야 한다.

4. 지적소관청은 청산금의 결정을 공고한 날부터 [15일/20일] 이내에 토지소유자에게 청산금의 납부고지 또는 수령통지를 하여야 한다.

5. 수령통지된 청산금에 관하여 이의가 있는 자는 수령통지를 받은 날부터 [1개월/6개월] 이내에 [지적소관청/축척변경위원회]에 이의신청을 할 수 있다.

6. 지적소관청은 청산금의 수령통지를 한 날부터 [1개월/6개월] 이내에 청산금을 지급하여야 한다.

7. 청산금의 납부 및 지급이 완료된 때에는 소관청은 지체 없이 축척변경의 확정공고를 하여야 하며, [지적공부의 등록일/확정공고일]에 토지의 이동이 있는 것으로 본다.

8. 지적소관청은 축척변경 신청일 현재의 지적공부상의 면적과 측량 후의 면적을 비교하여 그 변동사항을 표시한 [지번별 조서/토지이동현황 조사서]를 작성하여야 한다.

---

정답 및 해설

1. [3분의 2 이상], [시·도지사 또는 대도시 시장]

　축척변경의 **동의**: **소유자 3분의 2 이상**

　축척변경**위원회의 위원** 구성: **소유자가 2분의 1 이상**

　**시**·도지사 또는 **대**도시 시장의 **승인**을 받아야 하는 3가지: **시/대 승인 축/반/지**

2. [3분의 2 이상]

　축척변경은 직권으로 하든, 신청에 의하든 소유자 3분의 2 이상 동의가 있어야 한다.

3. [30일] **20/30, 15/20, 1월/1월, 6월/6월**

　시행공고: **20일** 이상 - 경계점 표지 설치: 시행공고일부터 **30일** 이내 -

　청산금 (결정)공고: **15일** 이상 - 납부고지/수령통지: 청산금공고일부터 **20일** 이내 -

　이의신청: **1월** 내 지적소관청에 제기 + **1월** 내 축/변/위 의결 -

　청산금 수령과 납부: **6개월, 6개월**

　**20/30 15/20 1월/1월 6월/6월**

4. [20일]

5. [1개월], [지적소관청]

　**이의제기**는 1개월 이내 **지적소관청**에 하고,

　이의에 대한 **심의, 의결은** 1개월 이내 **축척변경위원회가** 한다.

6. [6개월]

   청산금의 지급과 납부는 모두 6개월 이내

7. [확정공고일]

   축척변경은 그 확정공고일에 토지이동이 이루어진 것으로 본다.

   도시개발사업 등은 그 공사가 준공된 때 토지이동이 이루어진 것으로 본다.

8. [지번별 조서]

---

## [테마40] 축척변경위원회

1. 축척변경에 관한 사항을 심의·의결하기 위하여 [지적소관청/시·도]에 축척변경위원회를 둔다.

2. 축척변경위원회는 [5명/10명] 이상 [10명/15명] 이하의 위원으로 구성하되, 위원의 [2분의 1/3분의 2] 이상을 토지소유자로 하여야 한다.

3. 축척변경 시행지역의 토지소유자가 [5명/10명] 이하일 때에는 토지소유자 전원을 위원으로 위촉하여야 하며, 위원의 위촉이나 위원장의 지명은 [지적소관청/시·도지사]가 한다.

4. 축척변경위원회의 회의는 위원장을 포함한 재적위원 [2분의 1 이상/과반수]의 출석으로 개의(開議)하고, 출석위원 [2분의 1 이상/과반수]의 찬성으로 의결한다.

5. 축척변경위원회의 위원장은 위원 중에서 [지적소관청/시·도지사](이)가 지명한다.

- - - - - - - - - - - - - - - - - - - - - - - - - - - - - - - - - - - - - - - -

정답과 해설

1. [지적소관청]

   **축척변경위원회는 지적소관청에 두고, 지방지적위원회는 시·도에 두며, 중앙지적위원회는 국토교통부에** 둔다.

2. [5명], [10명], [2분의 1 이상]

   숫자는 중요 암기 사항!!

3. [5명], [지적소관청]

   축척변경의 파워는 축척변경위원회가 가지고, 지적소관청은 '머슴' 역할에 불과하나 유일하게 인사권(위원의 위촉과 위원장 지명)을 가진다.

4. [과반수], [과반수]

   지적법상의 두 위원회인 **축척변경위원회와 지적위원회는 공통점이 4개** 있다.

   ㉠ 위원수: 5인 이상 10인 이내

   ㉡ 심의의결: 과반수 출석 + 출석 과반수 찬성

   ㉢ 회의개최: 위원장이 5일전까지 통지

   ㉣ 출석수당/여비/실비 제공. 단, 공무원 제외

5. [지적소관청]

## [테마41] 도시개발사업지역 토지이동 신청

1. 「도시개발법」에 따른 도시개발사업의 시행자는 그 사업의 착수·변경 또는 완료 사실의 신고를 그 사유가 발생한 날부터 [15일/20일] 이내에 [지적소관청/시·도지사]에게 하여야 한다.

2. 도시개발사업 등의 사업시행자가 토지의 이동을 신청한 경우 토지의 이동은 토지의 형질변경 등의 공사가 [착수/준공]된 때에 이루어진 것으로 본다.

3. 「주택법」에 따른 주택건설사업의 시행자가 파산 등의 이유로 토지의 이동 신청을 할 수 없을 때에는 그 주택의 시공을 보증한 자 또는 [지적소관청/입주예정자] 등이 신청할 수 있다.

4. 「도시개발법」에 따른 도시개발사업의 시행자가 지적소관청에 토지의 이동을 신청한 경우 신청 대상 지역이 환지(換地)를 수반하는 경우에는 지적소관청에 신고한 사업[착수/완료] 신고로써 이를 갈음할 수 있다.

5. 도시개발사업 등의 사업의 착수 또는 변경의 신고가 된 토지의 소유자가 해당 토지의 이동을 원하는 경우에는 [지적소관청/해당 사업의 시행자]에게 그 토지의 이동을 신청하도록 요청하여야 한다.

---

정답 및 해설

1. [15일], [지적소관청]

   **도시개발사업 등** 시행지역의 **토지이동신청**은 오직 '사업시행자'만 지적소관청에 신청할 수 있고, 그 **사업의 착수, 변경, 완료사실의 신고**는 **사업시행자가 지적소관청에** 사유발생일부터 15일 이내에 하여야 한다.

2. [준공]

   **도시개발사업 등**은 그 **공사가 준공된 때** 토지이동이 이루어진 것으로 본다.

3. [입주예정자]

4. [완료]

   '환지'나오면 '사업완료신고' 나와야 한다.

5. [해당 사업의 시행자]

   도시개발사업 등 시행지역에서의 토지이동신청은 '사업시행자'만 가능

## [테마42] 등록사항 정정

1. 지적소관청은 등록사항 정정 대상토지에 대한 대장을 열람하게 하거나 등본을 발급하는 때에는 '등록사항 정정 대상토지'라고 적은 부분을 흑백의 반전(反轉)으로 표시하거나 [붉은색/푸른색](으)로 적어야 한다.

2. 지적도 및 임야도에 등록된 필지가 경계의 위치가 잘못 등록된 경우 면적의 증감이 [있으면/없으면] 소관청이 직권으로 조사·측량하여 정정할 수 있다.

3. 등기된 토지의 지적공부 등록사항 정정 내용이 [소유자의 표시/토지의 표시]에 관한 사항인 경우 등기필증, 등기완료통지서, 등기사항증명서 또는 등기관서에서 제공한 등기전산정보자료에 의하여 정정하여야 한다.

4. 등록사항 정정 신청사항이 [등기된 토지/미등기 토지]의 소유자의 성명 또는 명칭, 주민등록번호, 주소 등에 관한 사항의 정정을 신청한 경우로서 그 등록사항이 명백히 잘못된 경우에는 가족관계기록사항에 관한 증명서에 따라 정정하여야 한다.

5. [토지이용계획서/토지이동정리 결의서]의 내용과 다르게 정리된 경우 지적소관청이 직권으로 정정할 수 있다.

6. 지적공부의 등록사항이 [지적측량준비파일/지적측량성과]의 내용과 다르게 정리된 경우에는 소관청이 직권으로 조사측량하여 정정할 수 있다.

---

정답 및 해설

1. [붉은색]

   등록사항정정대상토지의 대장이 실제로 공개될 때에는 **'등록사항정정 대상토지'라고 적은 부분**을 눈에 확 띄도록 하여야 하므로, **'흑백의 반전'**으로 표시하거나 **'붉은색'**으로 적어야 한다.

2. [없으면]

   **면적의 증감이 있으면 직권정정할 수 없다.**

3. [소유자의 표시]

   소유자의 표시를 정정할 때에는 등기관련자료에 의한다. 토지의 표시는 직권등록주의에 의하여 국가기관이 직접 정하므로 등기자료에 의하여 정정할 수 없다.

4. [미등기토지]  **미/소 정정은 가족**

   등기된 토지의 소유자를 정정하는 경우에는 등기관련자료에 의하고, **미**등기토지의 **소**유자를 **정정**하는 경우에는 '**가족**관계기록사항에 관한 증명서'에 의한다.

5. [토지이동정리 결의서]  **측/정과 다르게** 정리된 경우 직권정정

   직권정정사유 중 '~과 다르게 정리된 경우'라고 나오면 "지적**측**량성과" 또는 "토지이동**정**리 결의서"가 나와야 한다.

6. [지적측량성과]

   지적공부의 등록사항이 '지적**측**량성과'/'토지이동**정**리결의서'의 내용과 다르게 정리된 경우에는 직권정정할 수 있다.

## [테마43~테마44] 토지소유자 정리 정정 등기촉탁

1. 지적소관청은 토지표시의 변동 등에 따라 지적공부를 정리하려는 경우에는
   [토지이동정리결의서/토지이동현황조사계획서]를 작성하여야 한다.
2. 지적소관청은 등기부에 적혀 있는 토지의 표시가 지적공부와 일치하지 아니하면 토지소유자를 정리할 수
   [있다/없다].
3. 「국유재산법」에 따른 총괄청이나 같은 법에 따른 중앙관서의 장이 소유자 없는 부동산에 대한 소유자 등
   록을 신청하는 경우 지적소관청은 지적공부에 해당 토지의 소유자가 등록[된/되지 아니한] 경우에만 등록
   할 수 있다.
4. 지적공부에 신규등록하는 토지의 소유자에 관한 사항은 [지적소관청이/등기부를 기초로] 조사하여 결정한다.
5. 지적공부에 등록된 [토지소유자/토지표시]의 변경사항은 등기관서에서 등기한 것을 증명하는 등기필증, 등
   기완료통지서, 등기사항증명서 또는 등기관서에서 제공한 등기전산정보자료에 따라 정리한다.

정답과 해설
1. [토지이동정리결의서]
   **토지표시**를 정리하려면: **토지이동정리결의서** 작성
   **소유자**를 정리하려면: **소유자정리결의서** 작성
2. [없다]
   지적공부와 등기부의 토지표시와 소유자가 불일치하면 **'토지표시'부터 일치시킨 후 '소유자'를 일치**시킬
   수 있다. 그러므로 토지의 표시가 일치하지 않는 상태에서 소유자부터 일치시킬 수 없다.
3. [되지 아니한]
   無主의 부동산은 국유이므로, 국유등록을 원하는 경우 지적소관청은 無主임이 확인되어야( = 해당 토지의
   소유자가 등록되지 아니한 경우에만) 국가명의로 등록할 수 있다.
4. [지적소관청이]
   선등록 후등기원칙에 따라 신규등록하는 경우에는 아직 등기기록이 없으므로 소유자는 지적소관청이 직
   접 조사하여 등록한다.
5. [토지소유자]
   **지적공부의 토지소유자는 등기관련자료를 기초로 하여 정리한다.**

## [테마44~테마45] 등기촉탁과 지적정리의 통지

1. 신규등록을 한 지적소관청은 지체 없이 관할 등기관서에 그 등기를 촉탁[하여야 한다/할 필요 없다].
2. 바다로 된 토지의 등록말소를 하거나 축척변경을 한 경우에는 등기촉탁을 [하여야 한다/할 필요 없다].
3. 지적소관청은 토지이동에 따른 토지의 표시에 관한 변경등기가 필요한 경우 그 등기완료의 통지서를 접수한 날부터 [15일/7일] 이내에 토지소유자에게 지적정리 등을 통지하여야 한다.
4. 지적소관청은 토지의 표시에 관한 변경등기가 필요하지 아니한 경우 지적정리의 통지는 지적공부에 등록한 날부터 [15일/7일] 이내에 토지소유자에게 하여야 한다.

---

정답과 해설

1. [할 필요 없다]

　신규등록은 등기촉탁하지 않는다. 모든 등기촉탁은 '지체 없이' 한다.

2. [하여야 한다]

　등기촉탁은 '지체 없이'. 단, 신규등록은 등기촉탁하지 않는다.

3. [15일]

　지적정리의 통지시기

　① 변경등기가 필요한 경우: 등기완료통지서를 접수한 날부터 15일 이내

　② 변경등기가 필요하지 아니한 경우: 지적공부에 등록한 날부터 7일 이내

4. [7일]

## [테마46] 지적측량

1. 지적공부의 복구를 하는 경우에는 면적을 측정[하여야 한다/하지 아니한다].
2. 등록전환을 하는 경우에는 면적을 측정[하여야 한다/하지 아니한다].
3. 지적측량성과의 검사 또는 지적재조사사업에 따라 토지의 이동이 있어 지적측량을 할 필요가 있는 경우에는 토지소유자 등 이해관계인이 지적측량수행자에게 지적측량을 의뢰[하여야 한다/할 수 없다].
4. 토지소유자 등 이해관계인은 지적측량을 하여야 할 필요가 있는 때에는 [지적측량수행자/지적소관청 또는 지적측량수행자]에게 해당 지적측량을 의뢰하여야 한다.
5. 지적측량수행자는 지적측량의뢰를 받은 때에는 측량기간·측량일자 및 측량수수료 등을 기재한 지적측량 수행계획서를 [그 다음날까지/5일 이내에] [지적소관청/시·도지사]에 제출하여야 한다.

정답 및 해설
1. [하여야 한다]  **현/경이와 합병은 면적측정 ×**
   지적**현**황측량/**경**계복원측량은 면적측정하지 않고 검사측량 하지 않는다.
   **현/경이는 안 면적/안 검사**
2. [하여야 한다]
   임야도에서 지적도로 옮기는 등록전환은 정밀도가 달라지므로 경계와 면적을 새로 측정하여야 한다.
3. [할 수 없다]  **재/검측량은 의뢰할 수 없다.**
   지적**재**조사측량과 **검**사측량은 의뢰할 수 있는 측량이 아니다.
4. [지적측량수행자]
   지적측량의 **의뢰는 지적측량수행자에게** 하여야 하고, 국가나 지적소관청에 의뢰할 수 없다.
5. [그 다음날까지], [지적소관청]

## [테마47~테마48] 지적측량절차와 지적기준점성과 공개

1. 지적기준점을 설치하지 아니하고, 지적측량의뢰인과 지적측량수행자가 서로 합의하여 따로 기간을 정하는 경우를 제외한 지적측량의 측량기간은 [5일/4일], 측량검사기간은 [5일/4일]로 한다.

2. 지적기준점을 설치하여 측량 또는 측량검사를 하는 경우 지적기준점이 15점 이하인 경우에는 [5일/4일]을, 15점을 초과하는 경우에는 4일에 15점을 초과하는 [5점/4점]마다 1일을 가산한다.

3. 이와 같은 기준에도 불구하고, 지적측량 의뢰인과 지적측량수행자가 서로 합의하여 따로 기간을 정하는 경우에는 그 기간에 따르되, 전체 기간의 [4분의 3/4분의 1]은 측량기간으로, 전체 기간의 [4분의 3/4분의 1]은 측량검사기간으로 본다.

4. 공간정보의 구축 및 관리 등에 관한 법령에 따라 지적측량의뢰인과 지적측량수행자가 서로 합의하여 토지의 분할을 위한 측량기간과 측량검사기간을 합쳐 20일로 정하였다. 이 경우 측량기간은 [15일/5일]일이다.

5. 지적측량수행자가 실시한 지적측량성과에 대하여 시·도지사, 대도시 시장 또는 지적소관청으로부터 측량성과 검사를 받지 않아도 되는 측량은 [      ]측량과 [      ]측량이다.

6. 지적삼각점성과를 열람하거나 등본을 발급받으려는 자는 [      ] 또는 [      ]에게 신청하여야 한다.

7. 지적삼각보조점성과나 지적도근점성과를 열람하거나 등본을 발급받으려는 자는 [      ]에 신청하여야 한다.

---

### 정답과 해설

1. [5일], [4일]

   **측량과 검사**는 차례대로 '오싹 오싹' 5일, 4일

2. [4일], [4점]

   지적기준점 설치하는 경우 : 15, 4 / 15, 4 / 15, 4 / 1

3. [4분의 3], [4분의 1]

4. [15일]

   20일 × 3/4 = 15일

5. 지적현황/경계복원

   현/경이는 안검사, 안면적 : 지적**현**황측량과 **경**계복원측량은 검사받지 아니하고 면적측정하지 아니한다.

6. [시·도지사], [지적소관청]

| | 보관과 관리 | 열람과 등본발급청구 |
|---|---|---|
| 지적삼각점성과 | 시·도지사 | 시·도지사 또는지적소관청 |
| 지적삼각보조점성과 | 지적소관청 | 지적소관청 |
| 지적도근점성과 | 지적소관청 | 지적소관청 |

7. [지적소관청]

## [테마49] 지적위원회

1. 중앙지적위원회의 위원장은 [국토교통부/시·도]의 지적업무 담당 국장이, 부위원장은 [국토교통부/시·도]의 지적업무 담당 [과장이 된다].

2. 중앙지적위원회는 관계인을 출석하게 하여 의견을 들을 수 있으며, 필요하면 현지조사를 할 수 [있다/없다].

3. 중앙지적위원회의 회의는 재적위원 [과반수/2분의 1이상]의 출석으로 개의(開議)하고, 출석위원 [과반수/2분의 1이상]의 찬성으로 의결한다.

4. 중앙지적위원회는 위원장 1명과 부위원장 1명을 [포함/제외]하여 [5명/10명] 이상 [10명/15명] 이하의 위원으로 구성한다.

5. [국토교통부장관/위원장]이 중앙지적위원회의 회의를 소집할 때에는 회의 일시·장소 및 심의 안건을 회의 [5일/7일] 전까지 각 위원에게 서면으로 통지하여야 한다.

6. [지방/중앙]지적위원회는 지적측량에 대한 적부심사 청구사항에 관한 사항을 심의·의결한다.

7. 중앙지적위원회의 심의·의결사항에 대하여 빈칸을 채우시오!

　　1) 지적측량적부심사에 대한 [　　　]

　　2) 지적측량기술의 연구·[　　　] 및 보급에 관한 사항

　　3) 지적 관련 정책 [　　　] 및 업무 개선 등에 관한 사항

　　4) 측량기술자 중 지적기술자의 [　　　]에 관한 사항

　　5) 지적기술자의 업무정지 처분 및 [　　　]요구에 관한 사항

정답 및 해설

1. [국토교통부], [국토교통부]

　　중앙지적위원회의 위원장과 부위원장은 국장/과장이 맡고,

　　이외의 위원임명이나 간사의 지정은 국토교통부장관이 한다.

　　(국/장은 머슴역할이지만, 인사권은 가진다)

2. [있다]

　　지적위원회가 현지조사를 할 수 있다.

　　단, 지적위원회가 현지조사를 하는 경우 관계공무원을 지정하여

　　현지조사를 하고 보고하게 할 수 있다.

　　(지적위원회의 권한이 빵빵하여 귀찮은 일은 타인을 시킨다)

3. [과반수], [과반수]

　　**※ 축척변경위원회와 지적위원회의 공통사항 4개**

　　① 위원 수: 5인~10인　　② 심의/의결: 과반수 + 과반수

　　③ 회의소집: 위원장이 회의개최 5일전까지 위원에게 서면통지

　　④ 출석수당/여비/실비 지급. 단, 공무원인 위원은 제외

4. [포함], [5명], [10명]

   **위원의 수**에는 위원장과 부위원장을 '**포함**'

   **위원의 임기**에는 위원장과 부위원장을 '**제외**'

5. [위원장], [5일]

6. [지방]

   **지방지적위원회는 지적측량적부심사에 대한 심의/의결만!** 한다.

7. 1) 재심사 2) 개발 3) 개발 4) 양성 5) 징계

---

## [테마50] 지적측량적부심사    30, 60/30, 지체 없이, 7일 이내

1. 토지소유자, 이해관계인 또는 지적측량수행자가 관할 [지적소관청/시·도지사]을(를) 거쳐 지적측량 적부 심사를 청구할 수 있는 위원회는 [지방/중앙]지적위원회이다.

2. 지적측량 적부심사 청구를 받은 시·도지사는 [30일/60일] 이내에 다툼이 되는 지적측량의 경위 및 그 성과 등을 조사하여 지방지적위원회에 회부하여야 한다.

3. 지적측량 적부심사 청구서를 회부 받은 지방지적위원회는 부득이한 경우가 아닌 경우 그 심사청구를 회부 받은 날부터 [30일/60일] 이내에 심의·의결하여야 한다.

4. 지적측량 적부심사 청구자가 지방지적위원회의 의결사항에 대하여 불복하는 경우에는 그 의결서를 받은 날부터 [60일/90일] 이내에 [시·도지사/국토교통부장관]을 거쳐 중앙지적위원회에 재심사를 청구할 수 있다.

5. 시·도지사는 지방지적위원회의 의결서를 받은 날부터 [5일/7일] 이내에 지적측량 적부심사청구인 및 [지적소관청/이해관계인]에게 그 의결서를 통지하여야 한다.

6. 지방지적위원회는 부득이한 경우에 심의기간을 해당 지적위원회의 의결을 거쳐 [30일/60일] 이내에서 [한/두] 번만 연장할 수 있다.

---

정답 및 해설

1. [시·도지사], [지방]

   적부심사청구: 시·도지사를 거쳐 지방지적위원회에 청구

   재심사청구: 국토교통부장관을 거쳐 중앙지적위원회에 청구

2. [30일]

   지적측량적부심사의 기간

   시·도지사: 30 − 지방지적위원회: 60 + 30(1번만 연장) − 의결서를 시·도지사에게: **지체 없이** − 심사청구인 및 이해관계인에게: **7일 이내** 통지

   ※ 재심사 청구: 90일 이내

3. [60일]

4. [90일], [국토교통부장관]

5. [7일], [이해관계인]

6. [30일], [한]

## 등기법 기출지문 익힘장(양자택일)

### [테마1~테마2] 등기의 순위와 추정력    갈/순 다/접 대/접

1. 부동산에 대한 가압류등기와 저당권설정등기 상호간의 순위는 [순위번호/접수번호]에 따른다.
2. 대지권에 대한 등기로서의 효력이 있는 등기와 대지권의 목적인 토지의 등기기록 중 해당 구에 한 등기의 순서는 [순위번호/접수번호]에 의한다.
3. 2번 저당권이 설정된 후 1번 저당권 일부이전의 부기등기가 이루어진 경우, 배당에 있어서 그 부기등기가 2번 저당권에 [우선한다/우선할 수 없다].
4. 위조된 근저당권해지증서에 의해 1번 근저당권등기가 말소된 후 2번 근저당권이 설정된 경우 말소된 1번 근저당권등기가 회복되더라도 2번 근저당권이 [우선한다/우선할 수 없다].
5. 소유권이전등기가 경료되어 있는 경우, 그 등기의 명의자는 그 전(前)소유자에 대하여 적법한 등기원인에 의하여 소유권을 취득한 것으로 추정[된다/되지 않는다].
6. 등기의 추정력은 표제부의 등기에 인정[된다/되지 않는다].

---

정답 및 해설

1. [접수번호]  **갈/순 다/접 대/접**
   **갈**은 구의 등기의 순위는 **순**위번호, **다**른 구의 등기의 순위는 **접**수번호에 의한다.
   (소유권에 대한 처분제한인) 가압류등기는 갑구에, 저당권설정등기는 을구에 하므로 서로 다른 구의 등기이다. 접수번호에 의하여 순위가 정해진다.

2. [접수번호]  **갈/순 다/접 대/접**
   '**대지권**'이 나오면서 등기의 순서를 물으면 '**접수번호**'에 의한다.

3. [우선한다]
   **부기등기**는 **주등기의 순위**를 따른다. 1번 저당권 일부이전의 부기등기는 1번의 순위를 따르므로 당연히 2번 저당권에 우선한다.

4. [우선할 수 없다]
   **회복된 등기**의 순위는 **종전 순위**를 따른다. 1번 근저당권등기가 회복되면 당연히 1번 순위로 회복되므로 2번 근저당권등기에 우선한다.

5. [된다]
   추정력은 모든 사람을 상대로 인정되므로 직전 권리자를 상대로 하여서도 인정된다.
   단, 보존등기는 원시취득자가 혼자 하는 것이므로 '직전' 권리자를 상대로 한 추정력은 인정될 수 없다.

6. [되지 않는다]
   추정은 **권리를 추정**하는 것이므로 '권리'의 등기에는 추정력이 인정되나,
   표제부에 있는 '사실( = 표시)'의 등기에는 추정력이 인정되지 않는다.

## [테마3] 등기소의 관할

1. 동일한 채권에 관하여 관할 등기소가 다른 여러 개의 부동산에 관한 권리를 목적으로 하는 저당권설정(공동저당)등기의 신청은 [관할 등기소가 아닌 등기소/그 중 하나의 관할 등기소]에 신청할 수 있다.

2. 여러 개의 부동산에 관한 전세권설정 또는 전전세 등기의 신청은 [관할 등기소가 아닌 등기소/그 중 하나의 관할 등기소]에 신청할 수 있다.

3. 공동저당 일부의 소멸 또는 변경의 신청은 [소멸 또는 변경되는 부동산의 관할 등기소 중 한 곳/관할이 아닌 등기소]에 신청할 수 있다.

4. 공동저당 목적으로 새로 추가되는 부동산이 종전에 등기한 부동산과 다른 등기소의 관할에 속하는 경우에는 종전의 등기소에 추가되는 부동산에 대한 저당권설정등기의 신청을 할 수 [있다/없다].

5. 등기사무는 부동산의 소재지를 관할하는 등기소에서 담당하는 것이 원칙이나, 상속 또는 유증으로 인한 소유권이전등기를 신청하는 경우에는 [관할 등기소가 아닌 등기소/그 중 하나의 관할 등기소]에 그 등기를 신청할 수 있다.

---

정답 및 해설

1. [그 중 하나의 관할 등기소]  **공동저당/공동전세/공동전전세 = 그 중 하나의 등기소**
   공동저당/공동전세/공동전전세와 그 이전·변경·말소등기의 신청은 관할이 달라도 그 중 하나의 등기소에 신청 가능

2. [그 중 하나의 관할 등기소]
   공동저당/공동전세/공동전전세와 그 이전·변경·말소등기의 신청은 관할이 달라도 그 중 하나의 등기소에 신청 가능

3. [소멸 또는 변경되는 부동산의 관할 등기소 중 한 곳]

4. [있다]
   ① **공동저당/공동전세/공동전전세/공동저당 일부의 소멸 또는 변경 나오면 그 중 하나의 관할 등기소에 신청가능**
   ② **추가공동저당** 나오면 **종전의 등기소**에 신청 가능
   ③ **상속·유증** 나오면 **관할 등기소가 아닌 등기소**에도 신청 가능

5. [관할 등기소가 아닌 등기소]
   **상속·유증** 나오면 **관할 등기소가 아닌 등기소**에도 신청 가능

## [테마4~테마5] 등기기록

1. 폐쇄한 등기기록은 [영구보존/폐기] 해야 한다.
2. 폐쇄한 등기기록에 대해서 등기사항의 열람과 등기사항증명서의 발급은 청구할 수 [없다/있다].
3. 폐쇄된 등기기록에 기록되어 있는 등기사항에 관한 경정등기는 할 수 [있다/없다].
4. 구분건물등기기록에는 규약상 공용부분과 1동의 건물 등기기록은 [표제부/갑구]만 둔다.
5. 등기사항증명서 발급신청시 매매목록은 당연히 등기사항증명서에 포함하여 발급[한다/하는 것이 아니다].
6. 등기부는 법관이 발부한 영장에 의하여 압수하는 경우에는 대법원규칙으로 정하는 보관·관리 장소 밖으로 옮길 수 [없다/있다].
7. 등기부는 원칙적으로 1동의 건물에 대하여 1용지를 사용하지만, 1동의 건물을 구분한 건물에 있어서는 [1동의 건물에 속하는 전부/전유부분]에 대하여 1등기기록을 사용한다.
8. 등기부와 대장상 부동산의 표시가 불일치한 경우 소유자는 부동산의 표시변경[등록/등기]을(를) 하지 않으면 그 부동산에 대해 다른 등기를 신청할 수 없다.
9. 구분건물의 요건을 갖춘 1동의 건물 전체를 일반건물로 등기할 수 [있다/없다].

정답 및 해설
1. [영구보존]

등기기록은 영구보존한다.

그러므로 폐쇄된 등기기록도 영구보존되며, 열람이나 등기사항증명서의 발급 등 공개도 된다.

다만, 폐쇄등기부에 있는 내용을 고치거나 새로운 내용을 기록할 수는 없다.

2. [있다]
3. [없다]
4. [표제부]

**1동건물**의 등기기록과 **규약상 공용부분**의 등기기록은 '**표제부**'만 둔다.

5. [하는 것이 아니다]

광의의 등기기록인 **신/공/도/매**는 등기기록의 공개를 할 때 **당연히 같이 공개하는 것은 아니다.** 같이 공개해달라는 표시가 있는 경우에만 같이 공개된다.

**신**탁원부/**공**동담보목록/**도**면/**매**매목록

6. [없다]

**등기기록**은 전쟁이나 천재지변이 아니고는 보관장소 밖으로 옮길 수 없다.

**신청서 기타 부속서류**는 전쟁, 법원의 명령/촉탁, 영장에 의하여 이동 가능

등기기록은 누구나 공개/신청서 기타 부속서류는 이해관계있는 부분만 열람 가능

7. [1동의 건물에 속하는 전부]

구분건물은 1동 건물의 '전부'에 대하여 1등기기록을 사용한다.

8. [등기]

부동산의 **권리는 등기부가 우선**하고, 부동산의 **표시는 대장이 우선**한다.

부동산의 **표시가 불일치하면 대장이 우선**하므로 등기부의 부동산표시변경'등기'를 하여야 한다.

만약 등기부와 대장의 소유자가 불일치하면 **소유자는 등기부가 우선**하므로 대장의 소유자'등록'변경을 하여야 한다.

※ 등기부와 대장의 부동산표시와 소유자가 모두 불일치하면 **먼저 부동산의 표시를 일치시킨 후 소유자를 일치시켜야 한다.**

9. [있다]

구분건물의 요건인 구조상 독립성과 이용상 독립성을 갖추어야 구분건물로 등기할 수 있는 것이지만, 독립성을 갖추었다고 구분건물로 등기해야 하는 것은 아니다.

소유자의 선택에 따라 구분건물로 또는 일반건물로 등기할 수 있다.

---

## [테마6] 신청주의

1. 등기는 당사자의 신청 또는 관공서의 촉탁에 따라 한다. 촉탁에 따른 등기절차는 법률에 다른 규정이 없는 경우에는 [신청/직권]에 따른 등기에 관한 규정을 준용한다.
2. 관공서는 촉탁하지 아니하고 상대방과 함께 공동신청할 수 [있다/없다].
3. 등기관이 등기를 마친 경우 그 등기는 [그 때/접수한 때]부터 효력을 발생한다.

정답 및 해설

1. [신청]

촉탁에 따른 등기절차는 신청에 따른 규정을 준용한다.

단, 몇 가지 특례가 인정될 뿐이다.

2. [있다]

관공서는 촉탁할 수도 있고, 상대방과 함께 공동신청 할 수도 있다.

2. [접수한 때]

등기를 마치면 그 **등기의 효력은 '접수한 때'로 소급**한다.

## [테마7] 등기당사자능력  학/읍/조/태

1. 태아로 있는 동안에는 태아의 명의로 대리인이 등기를 신청할 수 [있다/없다].
2. 법인 아닌 사단의 대표자나 관리인은 [그의 명의로/법인 아닌 사단의 명의로] 등기를 신청한다.
3. 시설물로서의 학교는 학교 명의로 등기할 수 [있다/없다].
4. 지방자치단체는 등기신청에서 등기당사자능력이 [없다/있다].
5. 민법상 조합은 직접 자신의 명의로 등기를 신청할 수 [있고/없고], 민법상 조합을 채무자로 표시하여 조합 재산에 근저당권 설정등기를 할 수 [없다/있다].

정답 및 해설

1. [없다]  학/읍/조/태 등기신청적격 없다.

   등기신청적격 있는 자 : 자연인 + 법인 + 법인 아닌 사단이나 재단

   그러므로, 영유아나 외국인, 공법인 사법인 모두 등기신청적격이 있다.

   등기신청적격 없는 자 : 학교 + 읍, 면, 동, 리 + 민법상 조합 + 태아

   단, 동, 리가 법인 아닌 사단의 실질을 가지면 가능

2. [법인 아닌 사단의 명의로]

   법인 아닌 사단이나 재단은 부동산을 취득할 수 있는 자격은 있으나 스스로 등기신청을 할 수는 없으므로 대표자나 관리인이 대리인으로 등기신청을 한다.

   대리인은( = 대표자나 관리인은) 본인의 이름으로( = 법인 아닌 사단이나 재단의 이름으로) 등기신청을 한다.

3. [없다]

   학교의 재산은 '학교법인'의 명의로 등기하는 것이다. '학교'가 주인이 될 수는 없다.

4. [있다]

   국가와 지방자치단체는 대표적인 '공법인'이므로 그의 명의로 부동산을 등기할 수 있다.

5. [없고], [없다]

   민법상 조합은 등기부에 이름을 올릴 수 없다.

   조합원 전원의 명의로 합유등기를 한다.

## [테마8] 등기권리자/등기의무자

1. 부동산이 甲 ⇨ 乙 ⇨ 丙으로 매도되었으나 등기명의가 甲에게 남아 있어 丙이 乙을 대위하여 소유권이전 등기를 신청하는 경우, [乙/丙]은 절차법상 등기권리자에 해당한다.
2. 채권자 甲이 채권자대위권에 의하여 채무자 乙을 대위하여 등기신청하는 경우에 [甲/乙]이 등기신청인이다.
3. 甲에서 乙로, 乙에서 丙으로 순차로 소유권이전등기가 이루어졌으나 乙 명의의 등기가 원인무효임을 이유로 甲이 丙을 상대로 丙 명의의 등기 말소를 명하는 확정판결을 얻은 경우, 그 판결에 따른 등기에 있어서 등기권리자는 [甲/乙]이다.
4. 채무자 甲에서 乙로 소유권이전등기가 이루어졌으나 甲의 채권자 丙이 등기원인이 사해행위임을 이유로 그 소유권이전등기의 말소판결을 받은 경우, 그 판결에 따른 등기에 있어서 등기권리자는 [甲/丙]이다.

---

정답 및 해설

1. [乙]

채권자대위신청 : **등기신청인은 '채권자', 등기권리자는 '채무자'**

즉, 신청은 채권자가 하고, 권리는 채무자가 가진다.

2. [甲]

'채권자 대위'가 나오면 등기신청인은 채권자, 등기권리자는 채무자이다.

3. [乙]

등기권리자는 등기가 되었을 때 '등기기록상 유리'해지는 자이다.

丙 명의의 등기를 말소하면 乙이 소유권을 가지므로 등기권리자는 乙이다.

4. [甲]

**등기권리자와 등기의무자는 등기부의 기록을 보고 판단**하는 것이 원칙이다.

乙의 소유권이 말소되면 甲이 소유권을 가지므로 등기권리자는 甲이다.

## [테마9] 단독신청    판/수/보/상/표/표/신/혼/가

1. 공동신청이 요구되는 등기라 하더라도 다른 일방의 의사표시를 명하는 [이행/확인]판결이 있는 경우에는 단독으로 등기를 신청할 수 있다.

2. 유증으로 인한 소유권이전등기는 [공동/단독]신청하여야 한다.

3. 승소한 등기권리자가 이행판결에 의한 등기신청을 하지 않는 경우에는 패소한 등기의무자도 그 판결에 의한 등기신청을 할 수 [없다/있다].

4. 소유권보존등기는 [공동/단독]신청하고 보존등기의 말소등기는 [공동/단독]신청한다.

5. 근저당권의 채권최고액을 감액하는 변경등기는 [공동/단독]신청하는 것이 원칙이다.

6. 법인합병을 원인으로 한 저당권이전등기는 [공동/단독]신청한다.

7. 공유물분할판결을 첨부하여 등기권리자가 단독으로 공유물분할을 원인으로 한 지분이전등기를 신청할 수 [없다/있다].

8. 포괄유증을 원인으로 하는 수증자의 소유권이전등기 신청은 단독신청 할 수 [없다/있다].

9. 부동산표시의 변경이나 경정의 등기는 [단독/공동]으로 신청한다.

10. 신탁재산의 처분으로 수탁자가 얻은 부동산이 신탁재산에 속하게 된 경우, 수탁자가 단독으로 신탁등기를 신청할 수 [없다/있다].

---

정답 및 해설

1. [이행]

   **이행(또는 인수**를 명하는)판결이 있으면 '**승소한**' 등기권리자나 등기의무자가 단독신청할 수 있고, **공유물분할판결**은 **승소한 자나 패소한 자 모두** 단독신청할 수 있다.

   확인판결은 단독신청할 수 없다.

2. [공동]    **재/유/지 공동신청**

   유언자는 사망하고 없으나, 유언집행자를 등장시켜 공동신청한다.

   **재**결 실효/**유**증/(공유)**지**분포기 나오면 '**공동**'신청

3. [없다]

　　이행판결과 인수판결 : '승소'한 자가 단독신청

4. [단독] [단독]

　　**소유권보존등기와 그 말소등기** : 모두 단독신청

　　**신탁등기와 그 말소등**기 : 모두 단독신청(수탁자)

5. [공동]

　　권리에 관한 등기는 공동신청하는 것이 원칙이다.

　　단, 판수보상표표신혼가에 해당하는 것이 있으면 단독신청

6. [단독]

　　상속이나 (법인)합병을 원인으로 하는 이전등기는 단독신청

　　유증을 원인으로 하는 이전등기는 공동신청

7. [있다]

　　이행(인수)판결은 '승소'한 등기권리자나 등기의무자가 단독신청

　　공유물분할판결은 '승소' 또는 '패소'한 자 모두 단독신청 가능하므로 승소한 등기권리자나 등기의무자 또는 패소한 등기권리자나 등기의무자 모두 단독신청이 가능하다.

8. [없다]

　　**'유증' 나오면 공동신청**

9. [단독]

　　**부동산표시(표제부)**의 등기와 **멸실**등기, **분할**이나 **합병**의 등기 :

　　**단/주/대/신** (**단**독신청/**주**등기/**대**장첨부/**신**청의무 1월)

10. [있다]

　　신탁등기, 신탁등기의 말소등기 : 수탁자가 단독신청 또는 위탁자나 수익자가 대위하여 단독신청

## [테마10] 포괄승계인(상속인)에 의한 신청

1. 甲소유의 부동산에 관하여 甲과 乙이 매매계약을 체결한 후 아직 등기신청을 하지 않고 있는 동안, 매도인 甲이 사망한 경우에는 상속등기를 [반드시 거친 후/생략하고] 甲의 상속인이 등기의무자가 되어 그 등기를 신청할 수 있다.

2. 甲이 그 명의로 등기된 부동산을 乙에게 매도한 뒤 단독상속인 丙을 두고 사망한 경우, 丙은 자신을 등기의무자로 하여 [甲/丙]에서 직접 乙로의 이전등기를 신청할 수 있다.

3. 가등기를 마친 후에 가등기권자가 사망한 경우, 그 상속인은 상속등기를 [할 필요 없이/반드시 한 후] 상속을 증명하는 서면을 첨부하여 [가등기의무자와 공동으로/상속인이 단독으로] 본등기를 신청할 수 있다.

4. 가등기를 마친 후에 가등기의무자가 사망한 경우, 가등기의무자의 상속인은 상속등기를 [반드시 거친 후/할 필요 없이] 가등기권리자와 공동으로 본등기를 신청할 수 있다.

---

정답 및 해설

1. [생략하고]

   상속인에 의한 등기의 특징

   ① 상대방과 함께 **공동신청**(상속등기가 아니다)  ② **상속등기 생략**  ③ **각하하지 않는다.**

2. [甲]

   상속인에 의한 등기 : 상속등기를 생략하고 직접 이전등기를 할 수 있으므로 피상속인 甲의 명의에서 직접 상대방인 乙로의 이전등기를 할 수 있다.

3. [할 필요 없이]  [가등기의무자와 공동으로]

4. [할 필요 없이]

## [테마11] 대위신청(제3자 신청)

1. 채권자 甲이 채권자대위권에 의하여 채무자 乙을 대위하여 등기신청하는 경우에 乙에게 등기신청권이 없으면 甲은 대위등기를 신청할 수 [있다/없다].

2. 채권자 甲이 채권자대위권에 의하여 채무자 乙을 대위하여 등기신청하는 경우에 등기신청인은 [甲/乙]이고, 등기권리자는 [甲/乙]이다.

3. 채권자 甲이 채권자대위권에 의하여 채무자 乙을 대위하여 등기신청하는 경우에 대위등기를 신청할 때 대위원인을 증명하는 정보를 첨부[할 필요없다/하여야 한다].

4. 건물이 멸실된 경우, 그 건물소유권의 등기명의인이 1월 이내에 멸실등기신청을 하지 않으면 건물대지 소유자가 그 건물소유권의 등기명의인을 대위하여 멸실등기를 신청할 수 있다. [○, ×]

5. 1동의 건물에 속하는 구분건물 중 일부만에 관하여 소유권보존등기를 신청하는 경우에는 나머지 구분건물의 [보존/표시]에 관한 등기를 [동시에/별도로] 신청하여야 한다. 이 때 구분건물의 소유자는 1동에 속하는 다른 구분건물의 소유자를 대위하여 그 건물의 표시에 관한 등기를 신청할 수 있다.

6. 구분건물로서 그 대지권의 변경이 있는 경우에는 구분건물의 소유권의 등기명의인은 1동의 건물에 속하는 다른 구분건물의 소유권의 등기명의인을 대위하여 대지권의 변경등기를 신청할 수 [없다/있다].

---

정답 및 해설

1. [없다]

채권자대위는 채권자가 '채무자의 권리'를 대신 행사하는 것이다.

당연히 채무자가 가지지 못한 권리를 행사할 수는 없다.

2. [甲], [乙]

채권자는 채무자가 '등기권리자로 신청할 등기'를 대위할 수 있고,

등기의무자로 신청할 등기는 대위할 수 없다.

그러므로 **등기신청인은 채권자**이고, **등기권리자는 채무자**이다(고정!).

3. [하여야 한다]

등기법은 등기의 진정성을 위하여 끊임없이 증명정보를 요구한다.

'~ 증명정보를 제공하여야 한다'가 나오면 그냥 맞다고 생각하고 풀 것

4. [○] **단/주/대/신**

5. [표시] [동시에]

**일부 보존등기**신청 = **표시/동시/대위**

6. [있다]

구분건물의 대지권자는 다수이다.

**대지권의 변경이나 소멸**이 있는 경우 일부 구분건물소유자가 다른 소유자를 **대위하여 신청할 수 있다.**

## [테마12~테마13] 등기신청시 제공정보

1. 같은 채권의 담보를 위하여 여러 개의 부동산에 대한 저당권설정등기를 신청하는 경우, 부동산의 소유자가 서로 다를 때 1건의 신청정보로 일괄하여 등기를 신청할 수 [있다/없다].
2. 소유권이전등기신청시 등기의무자의 주소증명정보는 등기소에 제공[하여야 한다/하지 않는다].
3. 환매특약이나 권리소멸의 약정은 등기신청정보의 [필요적/임의적] 기록사항이다.
4. 전세권의 전세금과 임차권의 차임은 등기신청정보의 [필요적/임의적] 기록사항이고, 지상권의 지료는 등기신청정보의 [필요적/임의적] 기록사항이다.

정답 및 해설
1. [있다]
   부동산의 **소유자가 달라도 일괄신청할 수 있다.**
2. [하여야 한다]
   **주소증명정보는 '등기권리자'만 제공**하는 것이 원칙이다.
   **그러나 소유권이전등기를 신청할 때에는 '등기의무자'의 것도 제공**
3. [임의적]
   ~ **특약**, ~ **약정**, ~ **기**간, 지상권의 **지료**, 임차보증금은 등기신청정보의 '임의적' 기록사항이다.
4. [필요적] [임의적]
   필요적 기록사항과 임의적 기록사항의 구별은 암기사항이다.
   뒤에 나올 각종의 권리에 관한 등기에서 정리되는 사항이다.

## [테마14] 법인 아닌 사단/재단의 등기

1. 법인 아닌 사단이나 재단이 부동산을 취득할 때에는 [법인 아닌 사단이나 재단/대표자나 관리인]의 명의로 대표자나 관리인이 등기신청을 하여야 한다.
2. 법인 아닌 사단이나 재단이 등기권리자로 등기신청할 때에는 대표자나 관리인의 주소·주민번호 증명정보를 제공[하여야 한다/할 필요없다].
3. 법인 아닌 사단이나 재단의 대표자나 관리인은 등기신청을 할 때 대표자나 관리인임을 증명하는 정보를 제출[할 필요없다/하여야 한다].
4. 법인 아닌 사단이나 재단이 [등기권리자/등기의무자]로 등기신청을 하는 경우에는 사원총회결의서를 제공하여야 한다.
5. 법인 아닌 사단이나 재단은 직접 [방문신청/전자신청]을 할 수는 있으나 직접 [방문신청/전자신청]을 할 수는 없다.

정답 및 해설

1. [법인 아닌 사단이나 재단]
   법인 아닌 사단이나 재단이 나오면 대표자나 관리인이 법인 아닌 사단이나 재단의 명의로 등기신청을 한다.
   즉, 법인 아닌 사단이나 재단 = 본인 / 그 대표자나 관리인 = 대리인

2. [하여야 한다]
   법인 아닌 사단이나 재단의 대표자나 관리인의 성명, 주소, 주민등록번호는 부동산등기부에 같이 등기된다.
   그러므로 성명, 주소, 주민번호 증명정보를 제공하여야 한다.

3. [하여야 한다]
   법인 아닌 사단이나 재단의 등기신청은 당연히 그 대표자나 관리인이 일종의 법정대리인으로 신청한다.
   그러므로 자신이 대표자나 관리인이라는 사실을 증명하는 정보를 제공하여야 한다.

4. [등기의무자]
   사원총회결의서 : 법인 아닌 사단이 '등기의무자' = 제출 ○
   　　　　　　　　　법인 아닌 사단이 '등기권리자' = 제출 ×

5. [방문신청] [전자신청]
   법인 아닌 사단이나 재단은 직접 전자신청을 할 수 없다.

## [테마15~17] 등기필정보    대/승/직/관/공유

1. 등기권리자가 등기필정보를 분실한 경우, 관할 등기소에 재교부를 신청할 수 [없다/있다].

2. 승소한 [등기권리자/등기의무자]가 단독으로 권리에 관한 등기를 신청하는 경우, 그의 등기필정보를 등기소에 제공해야 한다.

3. 승소한 등기권리자가 단독으로 판결에 의한 소유권이전등기를 신청하는 경우, 등기의무자의 권리에 관한 등기필정보를 제공할 필요가 [있다/없다].

4. 승소한 등기의무자가 단독으로 등기신청을 한 경우, 등기필정보를 등기권리자에게 통지[하여야 한다/하지 않아도 된다].

5. 등기관이 법원의 촉탁에 따라 가압류등기를 하기 위해 직권으로 소유권보존등기를 한 경우, 소유자에게 등기필정보를 통지[하여야 한다/하지 않는다].

6. 지방자치단체가 등기권리자인 경우, 등기관은 등기필정보를 작성·통지[하여야 한다/하지 않는다].

7. 등기를 마치면 등기관은 등기필정보를 작성하여 [등기권리자/등기의무자]에게 작성·통지하여야 한다.

8. 승소한 [등기권리자/등기의무자]가 등기신청을 한 경우에는 등기필정보를 작성통지하지 아니한다.

9. 채권자가 채무자를 대위하여 등기신청을 한 경우 등기필정보를 작성통지[하여야 한다/하지 아니한다].

10. 등기권이 직권으로 보존등기를 한 경우에는 등기필정보를 작성통지[하여야 한다/하지 아니한다].

11. 공유자 중 일부가 공유물의 보존행위로서 공유자 전원을 등기권리자로 하여 권리에 관한 등기를 신청한 경우(등기권리자가 그 나머지 공유자인 경우로 한정한다)에 그 나머지 공유자에게는 등기필정보를 작성통지[하여야 한다/하지 아니한다].

12. 등기완료통지는 신청인 및 다음에 해당하는 자에게 하여야 한다.
    ① 채권자가 대위하여 등기신청한 경우 [대위자(채권자)/피대위자(채무자)]
    ② 승소한 등기의무자의 등기신청에 있어서 [등기권리자/등기의무자]
    ③ 직권 소유권보존등기에서 등기명의인
    ④ 관공서가 촉탁하는 등기에서 관공서
    ⑤ 공유자 중 일부가 공유물의 보존행위로서 공유자 전원을 등기권리자로 하여 권리에 관한 등기를 신청한 경우 [신청한 공유자/그 나머지 공유자]
    ⑥ 등기필정보가 없는 등기신청에서 [등기권리자/등기의무자]

정답 및 해설

1. [없다]

   등기필정보는 딱 한번만 교부한다. 절대로 재교부되지 않는다.

2. [등기의무자]

   등기필정보는 등기의무자가 제공한다.

   그러므로 공동신청하거나 승소한 등기의무자가 단독신청하는 경우에 제공해야 한다.

3. [없다]

   2번 해설 참고

   등기신청인에 **등기의무자가 있다면 제공. 없으면 제공 ×**

4. [하지 않아도 된다]

   등기필정보를 등기소가 작성통지하지 않는 경우 : **대/승/직/관/공유**(등기명의인이 되는 자가 신청하지 않은 경우 = 신청하지 않은 자에게는 등기필정보를 작성·통지하지 않는다.)

   채권자**대**위/**승**소한 등기의무자의 단독신청/**직**권보존등기/**관**공서가 등기권리자/**공유**자 중 일부가 보존등기신청

   ※ 등기필정보를 등기소에 제공하는 경우와, 등기가 끝난 후 등기소가 등기권리자에게 등기필정보를 작성하여 통지하는 경우는 서로 다른 것이므로 구별해야 한다.

   등기필정보를 등기소에 제공 = 등기의무자가 등기소에 내는 것

   등기필정보를 등기권리자에 작성, 통지 = 등기소가 등기필정보를 작성하여 등기권리자에게 주는 것

5. [하지 않는다]

6. [하지 않는다]

7. [등기권리자]

   등기관이 새로운 권리에 관한 등기를 마쳤을 때에는 등기필정보를 작성하여 등기권리자에게 통지하여야 한다. 다만, 다음의 경우에는 그러하지 아니하다. **대/승/직/관/공유**

   ① 채권자가 채무자를 **대**위하여 등기신청을 한 경우

   ② **승**소한 등기의무자가 등기신청을 한 경우

   ③ **직**권으로 보존등기를 한 경우

   ④ **관**공서(국가 또는 지방자치단체)가 등기권리자인 경우

   ⑤ **공유**자 중 일부가 공유물의 보존행위로서 공유자 전원을 등기권리자로 하여 등기를 신청한 경우

   ⑥ 등기권리자가 등기필정보의 통지를 원하지 않는 경우

8. [등기의무자]

   승소한 '등기의무자'가 등기신청을 한 경우에는 등기필정보를 작성통지하지 아니한다.

   승소한 등기권리자가 등기신청을 한 경우에는 등기필정보를 작성통지 한다.

9. [하지 아니한다]

   **대/승/직/관/공유**의 '**대**'

10. [하지 아니한다]

    **대/승/직/관/공유**의 '**직**'

11. [하지 아니한다]

    **대/승/직/관/공유**의 '**공유**'

12. ① [피대위자(채무자)], ② [등기권리자], ⑤ [그 나머지 공유자], ⑥ [등기의무자]

    등기신청을 하지 아니한 사람은 등기명의인이 되어도 등기관이 등기필정보를 통지하지 아니한다. 대신, 등기필정보를 받지 못하는 새로운 등기명의인에게 등기완료통지를 한다.

## [테마18~테마20] 등기신청의 각하 1

1. 가등기에 기한 본등기금지가처분 등기를 신청한 경우 [수리/각하]사유이다.
2. 저당권을 피담보채권과 분리하여 다른 채권의 담보로 하는 등기를 신청한 경우 [수리/각하]사유이다.
3. 집합건물에서 대지권등기가 된 후 구분건물만에 관한 소유권이전등기신청이나 저당권설정 등기신청은 [수리/각하]사유이다.
4. 甲소유 건물에 대한 乙의 유치권등기신청은 [수리/각하], 甲소유 농지에 대한 乙의 전세권설정등기신청은 [수리/각하], 채권자 乙의 등기신청에 의한 甲소유 토지에 대한 가압류등기신청은 [수리/각하]사유이다.
5. 일부 지분에 대한 소유권보존등기를 신청한 경우 [수리/각하]사유이다.
6. 甲과 乙이 공유한 건물에 대하여 甲지분만의 소유권보존등기를 신청하는 것은 [수리/각하]사유이다.
7. 공동가등기권자 중 일부의 가등기권자가 [전원 명의/자기의 지분만]에 관하여 본등기를 신청한 경우에는 각하된다.
8. 이미 보존등기된 부동산에 대하여 보존등기를 신청한 경우는 [수리/각하]사유이다.
9. 1필지 토지의 특정된 일부분에 대하여 분할[하여야/하지 않고] 지상권을 설정할 수 있다.
10. 1동의 건물을 구분 또는 분할의 절차를 밟기 전에 건물 일부에 대한 전세권설정등기가 [불가능/가능]하다.
11. 위조된 甲의 인감증명에 의한 甲으로부터 乙로의 소유권이전등기는 [무효/유효]이다.

---

정답 및 해설

1. [각하]
   '본등기 금지'나오면 등기불가능
2. [각하]
   저당권과 피담보채권, 전유부분과 대지사용권은 분리 불가능
3. [각하]
4. [각하] [각하] [각하]
   **분**묘기지권, **유**치권, 주위토지**통**행권, **특**수지역권, **점**유권은 등기 불가능 **(분/유/통/특/점)**
   **농지에 대한 전세권등기는 불가능**
   **가압류 등 처분제한등기는 촉탁으로만 가능**, 신청 불가능
   ※ **처분제한등기 : 직**권보존등기사유 + **촉**탁만 가능 + 처분**금지**효력 없다. **(칙/촉/금지no)**
   　가압류/처분금지가처분등기된 부동산도 소/이전, 저/설정등기 가능
5. [각하]
   **소유권보존등기**는 1물1권주의가 정확히 지켜지는 소유권이 최초로 등기되는 경우이므로 **반드시 부동산 1개 '전부'와 소유권 1개 '전부'가 등기되어야** 한다.
6. [각하]

7. [전원 명의]

'여러 명의 권리자 중 일부가 신청'하고 나오면

**가포/자기지분** : 그러므로, 전원명의로 신청하면 각하사유

**상공/전원명의**

8. [각하]

1부동산 1등기기록주의 원칙을 위반한 등기신청은 각하사유이다.

= 이미 보존등기된 부동산에 대하여 보존등기를 신청하면 각하사유이다.

9. [하지 않고] **지/지/전/임**

지상권, 승역지 지역권, 전세권, 임차권은 부동산의 일부에도 성립가능한 예외적인 권리이므로 부동산의 일부에 대하여 분할하지 않아도 등기를 신청할 수 있다.

**지**상권, **지**역권, **전**세권, **임**차권 : **부동산의 일부에 가능**

**권리의 일부에는 불가능**

10. [가능]

11. [유효]

**위조된 서류에 의한 등기**와 **무권대리인의 신청에 의한 등기**는 각하사유이나,

**등기가 되어 버리면** (실체관계와 부합하는 한) **유효**이므로 직권말소할 수 없다.

※ 등기가 되었을 때 절대무효인 것은 두 개 : 관할위반의 등기 + 등기할 것이 아닌 것

---

**[테마18~테마20] 등기신청의 각하 2    가/포자기지분    상/공전원명의**

1. 지상권을 목적으로 하는 근저당권등기는 할 수 [없다/있다].
2. 부동산의 합유지분에 대한 가압류등기는 할 수 [있다/없다].
3. 부동산의 공유지분에 대한 처분금지 가처분등기는 할 수 [있다/없다].
4. 등기된 임차권에 대한 가압류등기는 할 수 [있다/없다].
5. 전세권에 대한 가압류등기는 할 수 [있다/없다].
6. 甲과 乙이 공유한 건물에 대하여 甲지분만의 소유권보존등기를 신청한 경우에는 등기가 [불가능/가능]하다.
7. 공동상속인 甲과 乙 중 甲이 자신의 상속지분만에 대한 상속등기를 신청한 경우 그 등기는 할 수 [없다/있다].
8. 매매로 인한 소유권이전등기 이후에 환매특약등기를 신청한 경우 그 등기는 [각하/수리]하여야 한다.
9. 전세권의 양도금지 특약을 신청한 경우 그 등기는 [수리/각하]하여야 한다.
10. 건물의 공유지분에 대하여는 전세권등기를 할 수 [있다/없다].

정답 및 해설

1. [있다]

근저당권은 소유권을 목적으로 하는 것이 원칙이지만, 지상권이나 전세권을 목적으로 하는 근저당권등기도 가능하다.

2. [없다]

합유지분은 등기되지 않으므로 **합유지분을 목적으로 하는 등기는 모두 불가능**

3. [있다]

공유지분은 등기되므로 대부분의 등기를 할 수 있다.

다만, **공유지분에 대한 소유권보존등기/지/지/전/임 등기는 할 수 없다.**

4. [있다]

처분제한등기는 처분가능한 권리에 대하여 할 수 있다.

5. [있다]

6. [불가능]

**보존등기는 부동산 '전부', 권리 '전부'에 대해서만 할 수 있다.**

7. [없다]

'여러 명의 권리자 중 일부가' 나오면 :

**가포/자기지분  상공/전원명의**

8. [각하]

매매 원인 소유권이전등기와 환매특약등기는 '동시신청/별개신청서'

동시신청할 등기를 동시신청하지 않으면 당연 각하사유이다.

9. [수리]

**~특약/약정 = 임/근/부** : **임**의적 기재사항 + **근**거 있을 것 + **부**기등기

민법 제306조(전세권의 양도, 임대 등) 전세권자는 전세권을 타인에게 양도 또는 담보로 제공할 수 있고 그 존속기간 내에서 그 목적물을 타인에게 전전세 또는 임대할 수 있다. 그러나 설정행위로 이를 금지한 때에는 그러하지 아니하다.

민법 제306조에서 전세권은 양도할 수 있으나 설정행위로 이를 금지한 때에는 양도할 수 없다고 법률로 규정하고 있다.

10. [없다]

**지/지/전/임 : 부동산의 일부에 가능, 권리의 일부에 불가능**

**지/지/전/임 이외의 권리 : 부동산의 일부에 불가능, 권리의 일부에 가능**

단, 보존등기는 '전부' '전부'에 대하여만 가능하다.

**[테마21] 전자신청**

1. 전자신청을 대리하는 자격자대리인은 사용자등록을 [하여야 하고/할 필요없고], 본인은 사용자등록을 할 필요[있다/없다].
2. 최초로 사용자등록을 신청하는 당사자 또는 자격자대리인은 등기소에 출석[할 필요없다/하여야 한다].
3. 법인 아닌 사단은 전자신청을 할 수 [있다/없다].
4. 전자신청을 위한 사용자등록은 전국 어느 등기소에서나 신청할 수 [없다/있다].
5. 변호사나 법무사가 아닌 자도 위임이 있으면 다른 사람을 대리하여 전자신청을 할 수 [없다/있다].

정답 및 해설

1. [하여야 하고] [없다]
   전자신청을 하는 자가 사용자등록을 한다.
   본인이 직접 전자신청하는 때에는 본인이,
   자격자대리인이 전자신청 대리를 하는 경우에는 자격자대리인이 사용자등록을 한다.
   법인은 사용자등록을 할 필요가 없다.
2. [하여야 한다]
   최초의 사용자등록은 반드시 실제 등기소에 출석하여 한다. 단, 관할과 무관하므로 편리한 등기소에 출석하면 된다.
3. [없다]
   전자신청은 자연인과 법인이 가능
   **법인 아닌 사단이나 재단은 전자신청 불가능**하고,
   자격자대리인이 전자신청으로 대리행위를 하는 것은 가능
4. [있다]
5. [없다]
   방문신청의 대리인은 일반인도 가능
   **전자신청의 대리인은 자격자대리인만 가능**

## [테마22~테마23] 보존등기

1. 미등기 토지를 토지대장상의 소유자로부터 증여받은 자는 직접 자기명의로 소유권보존등기를 신청할 수 [없다/있다].
2. 등기관이 소유권보존등기를 할 때에는 등기부에 등기원인과 그 연월일을 기록[하지 않는다/하여야 한다].
3. 일부지분에 대한 소유권보존등기를 신청한 경우에는 그 등기신청은 [수리/각하]되어야 한다.
4. 甲이 신축한 미등기건물을 甲으로부터 매수한 乙은 甲명의로 소유권보존등기 후 소유권이전등기를 해야 한다. [○, ×]
5. 토지대장에 최초의 소유자로 등록되어 있는 자로부터 그 토지를 포괄유증 받은 자는 자기 명의로 소유권보존등기를 신청할 수 [없다/있다].
6. 특별자치도지사의 확인에 의해 자기의 [건물/토지]소유권을 증명하여 소유권보존등기를 신청할 수 있다.
7. [건물/토지]에 대하여 국가를 상대로 한 소유권확인판결에 의해서 자기의 소유권을 증명하는 자는 소유권보존등기를 신청할 수 있다.
8. 미등기토지에 대해 소유권처분제한의 등기촉탁이 있는 경우, 등기관은 [직권으로/신청을 받아] 소유권보존등기를 하여야 한다.
9. 주택임차권등기명령에 따라 임차권등기가 된 경우, 그 등기에 기초한 임차권이전등기를 할 수 [있다/없다].
10. 등기관이 미등기 부동산에 관하여 체납처분으로 인한 압류등기의 촉탁이 있는 경우에는 직권으로 보존등기를 할 수 [있다/없다].

---

정답 및 해설

1. [없다]

보존등기는 대장에 최초소유자로 등록된 자 또는 그 포괄승계인이 할 수 있다. 포괄승계인은 상속인, 합병 후 존속법인, 포괄유증받은 자이다. 증여는 특정승계이므로 보존등기할 수 없다.

※ 보존등기 신청 가능한 자: **대/판/수/확**

① **대**장에 최초소유자로 등록된 자 + 그 상속인, 포괄승계인

② 확정**판**결로 소유권 증명하는 자

③ **수**용으로 소유권 취득했음을 증명하는 자

④ 건물의 경우: 특별자치도지사, 시장, 군수 또는 (자치)구청장의 **확**인으로 소유권을 증명하는 자

2. [하지 않는다]

보존등기는 원시취득자가 하는 등기이므로 등기원인이 존재하지 않으므로 **등기원인과 그 연월일을 기재하지 않는다.** 중요부분이므로 필수 암기사항이다.

3. [각하]

보존등기는 부동산의 '전부'와 권리의 '전부'에 대해서만 가능하다.

그러므로 **부동산의 일부/소유권의 일부에 대해서는 보존등기를 할 수 없다.**

4. [○]

　매매는 특정승계사유이므로 승계인명의로 직접 보존등기를 할 수 없고, 원시취득자인 매도인명의로 보존 등기를 한 후 매수인 명의로 이전등기를 하여야 한다. 매수인 명의로 직접 보존등기를 하면 등기는 유효 하게 취급하나, 처벌의 대상이 된다(모두생략등기).

5. [있다]

　대장상 최초의 소유자와 그 포괄승계인은 직접 자신의 명의로 보존등기를 할 수 있다. **사망자의 명의로 보존등기를 하는 것이 아니다.** 사망자가 권리를 취득할 수 없다.

6. [건물]

　보존등기 관련하여 **건물은 '지자체의 장'이 상대로 등장**하여야 하고,

　**토지는 '국가'가 상대로 등장**하여야 한다.

　보존등기를 신청하려면 토지는 '국가'를 상대로 '판결' 받아야 하고, 건물은 지방자치단체의 장(특별자치도 지사, 시장, 군수, (자치)구청장)을 상대로 '판결'을 받거나 '확인'을 받아야 한다.

7. [토지]

8. [직권으로]

　미등기부동산에 **소유권처분제한의 등기촉탁**이 있거나,

　미등기주택이나 상가건물에 **임차권등기(명령)촉탁**이 있을 때에는

　등기관이 **직권으로 보존등기**를 한다.

　다만, 압류등기의 촉탁은 직권보존등기의 사유가 아니다.

　**처분제한등기** = **칙/촉/금지no** : **직**권보존등기/**촉**탁만 가능/**금**지효력 없음

9. [없다]

　임차권등기명령은 임대차 '종료'후 보증금반환받지 못한 임차인이 보증금의 반환순위확보를 위하여 하는 것이므로, 사용수익이 불가능하다.

　당연히 그 이전등기, 전대차등기는 불가능

10. [없다]

　미등기부동산에 처분제한등기의 촉탁이 있으면 직권보존등기를 하나, 압류는 직권보존등기의 사유가 아니다.

## [테마24] 공유/합유

1. 토지에 대한 공유물분할금지약정으로 인한 소유권이전등기는 공유자가 [각자 단독으로/공동으로] 신청하여야 한다.
2. 공유물의 소유권등기에 부기등기된 분할금지약정의 변경등기는 [공유자의 1인이 단독으로/공유자 전원이 공동으로] 신청하여야 한다.
3. 공유자 중 1인의 지분포기로 인한 소유권이전등기는 공유지분권을 포기하는 공유자[가 단독으로/와 잔존 공유자가 공동으로] 신청하여야 한다.
4. 건물의 특정부분이 아닌 공유지분에 대한 전세권설정등기를 할 수 [없다/있다].
5. 합유등기에는 합유지분을 표시[한다/하지 않는다].
6. 민법상 조합의 소유인 부동산을 등기할 경우, 조합원 전원의 명의로 [공유/합유]등기를 한다.
7. 부동산의 합유지분에 대한 가압류를 할 수 [있다/없다].
8. 공유자 전원이 그 소유관계를 합유로 변경하는 경우, 변경계약을 등기원인으로 [이전등기/변경등기]를 신청해야 한다.

---

정답 및 해설

1. [공동으로]
   공유지분은 공유자가 각자 다른 공유자와 무관하게 등기할 수 있으나, **공유관계에 기초한 등기는 공유자 전원이 공동신청**하는 것이 원칙이다.
   공유관계에 기초한 등기 = 공유물분할금지 약정, 그 약정의 갱신이나 변경 또는 분할금지기간의 연장 등
2. [공유자 전원이 공동으로]
   공유관계에 기초한 등기는 공유자 전원이 공동으로 신청하여야 한다.
3. [와 잔존공유자가 공동으로]
   공유지분의 포기는 상대방없는 단독행위로 법률행위이므로 등기하여야 권리변동 효력이 발생한다.
   포기한 공유자가 등기의무자, 잔존 공유자가 등기권리자가 되어 공동신청
   **'지분포기' 나오면 : '공동신청'나와야 한다.**
   ※ **재**결실효/**유**증/**지**분 포기 = **공동신청 : 재/유/지**
4. [없다]
   **지**/**지**/**전**/**임** : 부동산 일부에 등기가능. 권리 일부에는 등기 불가능
5. [하지 않는다]
   **공유지분**은 등기되므로 **지분 표시(기재)한다.**
   **합유지분**은 등기되지 않으므로 **지분 표시(기재)하지 않고 '합유'라는 뜻을 기재**한다.
6. [합유]
   합유등기 사례 : 민법상 **조**합 + 수인의 **수**탁자 (**조/수 합유**)
7. [없다]
   합유지분은 등기되지 않으므로 합유지분에 대한 등기는 모두 불가능
8. [변경등기]
   공유 ↔ 합유가 되어도 소유자의 변화는 없으므로 이전등기가 아닌 변경등기를 한다.

## [테마25~테마28] 소유권이전등기(수용/유증/진정명의회복/환매)

1. 수용에 의한 소유권이전등기를 할 경우, 그 부동산의 처분제한등기는 직권말소할 수 [있고/없고], 그 부동산을 위해 존재하는 지역권등기는 직권으로 말소할 수 [있다/없다].

2. 수용에 의한 소유권이전등기 완료 후 수용재결의 실효로 그 말소등기를 신청하는 경우, 피수용자 단독으로 기업자명의의 소유권이전등기 말소등기신청을 할 수 [있다/없다].

3. 수용으로 인한 소유권이전등기신청서에 등기원인은 토지수용으로, 그 연월일은 [수용의 개시일/수용의 재결일]로 기재해야 한다.

4. 포괄유증은 수증자 명의의 등기[가 없어도/를 하여야] 유증의 효력이 발생하고, 특정유증은 수증자 명의의 등기를 [하여야/하지 않아도] 유증의 효력이 발생한다.

5. 유증으로 인한 소유권이전등기 신청이 상속인의 유류분을 침해하는 내용일 때 등기관은 이를 [각하/수리] 하여야 한다.

6. 미등기부동산이 [특정유증/포괄유증]된 경우, 유언집행자는 상속인 명의의 소유권보존등기를 거쳐 유증으로 인한 소유권이전등기를 신청하여야 한다.

7. 진정명의회복을 원인으로 하는 소유권이전등기에는 등기원인일자를 기재[한다/하지 않는다].

8. 환매에 따른 권리취득의 등기를 한 경우, 특별한 사정이 없는 한 환매특약의 등기는 [신청으로/직권으로] 말소해야 한다.

9. 환매특약의 등기는 [주/부기]등기로 하고, 매매비용과 매매대금은 [필요적/임의적] 기록사항이다.

---

정답 및 해설

1. [있고], [없다]

   수용은 원시취득의 법적 효과를 가지므로 수용을 원인으로 하는 소유권이전등기를 한 때에 등기부상 권리는 직권말소 하는 게 원칙이나, **다음 4개의 등기는 직권말소하지 않는다.**

   ① 수용개시일 **이전의 소유권등기**    ② 수용개시일 **이전의 상속**
   ③ (요역지)**지역권**    ④ **재결**

2. [없다]

   **수용** 원인 소유권이전등기는 **단독신청**

   **재결실효**로 인한 소유권이전등기의 말소등기는 **공동신청**

   [혼자 알아서 가져가고(단독신청 ○), 돌려줄 때는 내가 가야 돌려준다(공동신청)]

   ※ **재/유/지** = **공동신청** : **재**결실효/**유**증/**지**분포기

3. [수용의 개시일]

   등기원인일자는 효력발생일을 적는다.

   수용은 수용개시일에 등기없이 효력발생한다.

4. [가 없어도], [하여야]

**포괄유증**은 **등기없이 권리변동**, **특정유증**은 **등기하여야 권리변동**

5. [수리]

유증이 <u>유류분을 침해하는 신청이더라도</u>,

확정판결 후 10년이 지난 신청이더라도(판결의 확정시기와 관계없이)

등기관은 이를 각하하지 못하고 **수리하여야 한다.**

6. [특정유증]

유증된 부동산은 등기된 것이든 미등기된 것이든 '직접 수증자에게' 등기하는 것이 원칙이지만,

딱 하나 '미등기부동산이 특정유증'된 경우에는 일단 상속인 명의로 보존등기를 거쳐 수증자에게

이전등기한다.

7. [하지 않는다]

**등기원인 : 진정명의회복으로 기재**한다.

**등기원인일자 : 기재하지 않는다.**

＊ 진정명의회복은 등기원인은 기재하고, 등기원인일자는 기재하지 않는다.

8. [직권으로]

환매특약등기의 말소는 두가지로 나뉜다.

환매권행사로 인한 소유권이전등기시에는 직권말소

환매권행사 이외의 사유로 환매권소멸한 경우에는 신청말소

9. [부기], [필요적]

각종의 **특약**이나 **약정**의 등기는 부기등기로 한다. **임/근/부**

환매특약등기에서 매매대금과 매매비용은 반드시 기록하여야 하는 필요적 기록사항이다.

---

## [테마29~테마30] 신탁    1/일, 단독/대위, 하나

1. 수익자가 수탁자를 대위하여 신탁등기를 신청할 경우, 해당 부동산에 대한 권리의 설정등기와 동시에 신청 [하여야 한다/할 필요 없다].
2. 신탁으로 인한 권리의 이전등기와 신탁등기는 별개의 등기이며 [하나의/별개의] 순위번호를 사용한다.
3. 신탁등기를 할 때에는 [신청인/등기관]이 신탁원부를 작성하여야 한다.
4. 수탁자가 여러 명인 경우 등기관은 신탁재산이 [공유/합유]인 뜻을 등기부에 기록하여야 한다.
5. 법원이 신탁변경의 재판을 한 경우 [법원/법무부장관]은 지체 없이 신탁원부 기록의 변경등기를 촉탁하여야 한다.
6. 여러 명의 수탁자 중 1인의 임무종료로 인한 합유명의인 변경등기를 한 경우에는 [촉탁/직권]으로 신탁원부 기록을 변경해야 한다.

정답 및 해설

1. [할 필요없다]   1/일신청

　 신탁등기와 신탁 원인 소유권이전등기는 1건의 신청정보( = 동일신청서) + 일괄신청(동시신청)

　 단, 대위신청하는 경우에는 동시신청할 필요가 없다.

2. [하나의]

　 신탁등기와 관련한 등기는   1/일, 하나, 단독/대위

　 ① 1건의 신청정보 + 일괄신청(동시신청) + ② 하나의 순위번호 +

　 ③ 수탁자의 단독신청 : 위탁자 또는 수익자의 대위신청 가능

　　　 = 이때는 동시신청할 필요 없다.

3. [등기관]

　 신/공/도/매에서 신탁원부와 공동담보목록은 '등기관'이 작성한다.

　 신/공 등기관

4. [합유]

　 민법상 조합 + 수탁자가 여러 명 : 합유

　 * 조/수는 합유!

5. [법원]

　 '신탁원부 기록의 변경등기'에 대하여

　 ① 법원이 ~재판을 한 경우에는 법원이 촉탁하고,

　 ② 법무부장관 또는 주무관청이 '직권으로' 또는 '명'하여 한 경우에는

　　　 법무부장관이 촉탁하고,

　 ③ 기타의 경우에는 등기관이 직권으로 신탁원부 기록의 변경등기를 한다.

6. [직권]

## [테마31] 용익물권등기와 임차권등기

1. 지상권설정등기 목적과 범위는 [필요적/임의적] 기록사항이다.
2. 지역권설정등기시 승역지 지역권의 등기사항은 [신청/직권]으로 기록하고, 요역지지역권의 등기사항은 [신청/직권]으로 기록하여야 한다.
3. 전세권이 [소멸하여야/소멸하기 전에] 전세금반환채권의 일부양도에 따른 전세권일부이전등기를 신청할 수 있고, 이 때에는 양도액을 기록[하여야 한다/하지 않는다].
4. 건물의 특정부분이 아닌 공유지분에 대한 전세권설정등기는 [가능/불가능]하다.
5. 주택임차권등기명령에 따라 임차권등기가 된 경우, 그 등기에 기초한 임차권이전등기를 할 수 [없다/있다].

정답 및 해설
1. [필요적]

필요적 기록사항 : **목/범, 목/범/요역지, 전/범, 차/범**

지상권 : **범**위, **목**적 / 지역권 : **범**위, **목**적, **요역지**의 표시

전세권 : **범**위, **전**세금 / 임차권 : **범**위, **차**임

임의적 기록사항 : 특약, 약정, 기간(~기), 지료, 임차보증금

2. [신청] [직권]

**지역권등기의 신청은 승역지 등기소**에 하므로,

**승역지등기부**에 하는 지역권등기는 **신청**으로 이루어지고,

**요역지등기부**에 하는 지역권등기는 **직권**으로 이루어진다.

요역지등기부에는 승역지를 표시하고, 승역지등기부에는 요역지를 표시한다.

3. [소멸하여야] [하여야 한다]

전세금반환채권의 일부양도에 따른 전세권일부이전등기 : **전소후/부/양**

① **전**세권 **소**멸 **후** 가능

② **부**기등기

③ **양**도액 기록

4. [불가능]

**지/지/전/임 : 부동산 일부에 가능, 권리 일부에는 불가능**

5. [없다]

임차권등기명령에 의한 임차권등기는 이미 임대차 소멸된 후 보증금의 반환을 위해 한 것에 불과하므로 그 이전등기나 전대차등기는 할 수 없다.

## [테마32～테마33] 담보물권등기

1. 일정한 금액을 목적으로 하지 않는 채권을 담보하기 위한 저당권설정등기를 신청하는 경우, 그 채권의 평가액을 신청정보의 내용으로 등기소에 제공[하여야 한다/할 필요없다].

2. 지연배상액은 근저당권등기의 기록사항[이다/아니다].

3. 토지소유권의 공유지분에 대하여 저당권을 설정할 수 [없다/있다].

4. 지상권을 목적으로 하는 저당권설정등기는 [주/부기]등기에 의한다.

5. 채권자가 수인인 근저당권의 설정등기를 할 경우, 채권최고액은 반드시 [단일하게/구분하여] 등기부에 기록한다.

6. 저당의 목적이 되는 부동산이 [2/5]개 이상인 경우, [신청인/등기관]은 공동담보목록을 작성하여야 한다.

7. 근저당권의 피담보채권이 확정되기 전에 근저당권의 이전등기를 하는 경우 [채권/계약]양도를 원인으로 하여야 한다.

8. 근저당권의 약정된 존속기간은 등기할 수 [있다/없다].

9. 공동저당 부동산 중 일부의 매각대금을 먼저 배당하여 경매부동산의 후순위 저당권자가 대위등기를 할 때, 매각대금을 [기록하고/기록하지 않고] 선순위 저당권자가 변제받은 금액을 [기록해야 한다/기록할 필요없다].

---

정답과 해설

1. [하여야 한다]

우리는 물건의 가치를 금전으로 파악한다.

그러므로 **금전채권이 아니면 금전으로 환산한 평가액을 기록**하여야 한다.

2. [아니다]

**변**제기, **이**자, **지**연이자는( = **변/이/지**)

**저당권에서는 임의적** 기록사항이고, **근저당권에서는 아예 기재사항이 아니다.**

3. [있다]

저당권은 지/지/전/임 아니므로 부동산의 일부에 불가능, 권리의 일부에 가능

4. [부기]

**소유권을 목적으로 하는 권리**의 등기는 **주등기**로 하고,

**소유권 이외의 권리를 목적으로 하는 권리**의 등기는 **부기등기**로 한다.

5. [단일하게]

6. [5] [등기관]

신탁원부와 공동담보목록은 등기관이 작성한다(**신공은 등기관 작성**).

7. [계약]

　피담보**채권 확정 전** : '**계약**'양도 또는 '**계약**'인수

　피담보**채권 확정 후** : '**채권**'양도 또는 '**채무**'인수

8. [있다]

　근저당권의 존속기간(결산기)는 임의적 기록사항

9. [기록하고], [기록해야 한다]

　공동저당 대위등기에서 **필요적** 기재사항 : **매/매/채/변**

　**매**각부동산 + **매**각대금 + **채**권액 + (선순위자의) **변**제받은 금액

　**공동신청/부기등기로 한다.**

---

1. '대지권에 대한 등기로서 효력이 있는 등기'와 '대지권의 목적인 토지의 등기기록 중 해당 구에 한 등기'의 순서는 [순위번호/접수번호]에 따른다.

2. 1동의 건물에 속하는 구분건물 중 일부만에 관하여 소유권보존등기를 신청하는 경우에는 나머지 구분건물의 [표시/보존]에 관한 등기를 [동시에/별도로] 신청하여야 한다.

정답 및 해설

1. [접수번호]

　**같/순, 다/접, 대/접** = 다른 구의 등기 + 대지권 나오는 등기의 순서 : 접수번호

2. [표시], [동시에]

　**일부 보존** : **표시/동시/대위**

　가등기가처분 : 단독신청(가등기권리자가 가등기를 단독신청)

　규약폐지 : 보존등기

　소재불명 : 제권판결(받아 단독 말소신청)

## [테마35] 부동산의 표시변경등기와 멸실등기

1. 건물의 소유권의 등기명의인은 건축물대장상 건물의 합병등록이 있는 날로부터 [1/3]개월 이내에 건물합병등기를 신청하여야 하고, 그 등기신청을 하지 않았을 때 「부동산등기법」상 과태료를 부과[한다/하지 아니한다].

2. 부동산표시의 변경이나 경정의 등기는 [공동/단독]신청하고, [주/부기]등기로 한다.

3. 권리변경등기는 등기상 이해관계인의 승낙을 얻으면 [주/부기]등기로 실행할 수 있다.

4. 전세금을 9천만원에서 1억원으로 증액하는 전세권변경등기는 등기상 이해관계있는 제3자의 승낙이 없으면 [주/부기]등기로 하지 못하고 [주/부기]등기로 해야 한다.

5 소유자가 주소를 변경하는 등기명의인표시의 변경등기는 [주/부기]등기로 해야 한다.

6. 존재하지 아니하는 건물에 대한 등기가 있을 때 그 소유권의 등기명의인은 [1월 이내/지체 없이] 그 건물의 멸실등기를 신청하여야 한다.

---

정답 및 해설

1. [1], [하지 아니한다]

   표제부의 등기와 멸실등기 = **단/주/대/신** : **단**독신청 + **주**등기 + **대**장 첨부 + **신**청의무 1개월 이내

   위반해도 벌칙은 없다.

   ※ **부동산의 합병이나 분할**의 등기는 부동산표제부에서 이루어지는 등기이므로 **단/주/대/신** 적용된다.

2. [단독], [주]

3. [부기]

   권리변경등기와 권리경정등기의 방식은 동일

   **등기상 이해관계인 없**으면 : **부기**등기로(순위 유지)

   **등기상 이해관계인 있고 + 그의 승낙받**으면 : **부기**등기로(순위 유지)

   **등기상 이해관계인 있고 + 그의 승낙없**으면 : **주**등기로(후순위)

4. [부기], [주]

   권리의 변경등기를 할 때 등기상 이해관계인이 없거나 그의 승낙이 있으면 부기등기로,

   등기상 이해관계인의 승낙이 없으면 주등기로 한다.

5. [부기]

   **부동산표시의 변경이나 경정등기( = 표제부의 등기) : 언제나 주등기**

   **등기명의인표시의 변경이나 경정등기 : 언제나 부기등기**

6. [지체 없이]

   **존재하는 건물의 멸실등기는 '1월 이내'** 신청하고,

   **존재하지 아니하는 건물의 멸실등기는 '지체 없이'** 신청한다.

## [테마36] 권리의 변경·경정등기

1. 등기된 권리의 내용과 실체관계가 원시적으로 일부 불일치하는 경우에는 [변경/경정/말소]등기를 하고, 후발적으로 일부 불일치하는 경우에는 [변경/경정/말소]등기를 하며, 원시적이든 후발적이든 전부 불일치하는 경우에는 [변경/경정/말소]등기를 한다.

2. 권리의 변경등기나 경정등기를 할 때 등기상 이해관계있는 제3자의 승낙이 없는 경우에는 [주/부기]등기로 하고, 등기상 이해관계있는 제3자가 없거나 그의 승낙이 있는 경우에는 [주/부기]등기로 한다.

3. 등기관이 등기를 마친 후 그 등기에 착오(錯誤)나 빠진 부분이 있음을 발견하였을 때에는 지체 없이 그 사실을 등기권리자와 등기의무자에게 알려야 하고, 등기권리자와 등기의무자가 없는 경우에는 등기명의인에게 알려야 한다. 다만, 등기권리자, 등기의무자 또는 등기명의인이 각 2인 이상인 경우에는 [전원/그 중 1인]에게 통지하면 된다.

정답 및 해설

1. [경정], [변경], [말소]

   **원시적 일부 불일치**를 시정하는 등기 = **경정**등기

   **후발적 일부 불일치**를 시정하는 등기 = **변경**등기

   사유를 불문하고 **전부 불일치**가 있을 때에는 = **말소**등기

2. [주] [부기]

   권리의 변경등기와 경정등기의 방식은 동일

   등기상 **이해관계인이 없거나 그의 승낙이 있으면 부기**등기로 하고,

   등기상 **이해관계인의 승낙이 없으면 주**등기로 한다.

3. [그 중 1인]

## [테마37~테마39] 경정/말소/말소회복등기

1. 등기의무자가 2인 이상일 경우, 직권으로 경정등기를 마친 등기관은 [전원/그 중 1인]에게 그 사실을 통지하여야 한다.

2. 전세권설정등기를 하기로 합의하였으나 당사자 신청의 착오로 임차권으로 등기된 경우, 그 불일치는 경정등기로 시정할 수 [없다/있다].

3. 권리자는 甲임에도 불구하고 당사자 신청의 착오로 乙명의로 등기된 경우, 그 불일치는 경정등기로 시정할 수 [없다/있다].

4. 말소되는 등기의 종류에는 제한이 없으며, 말소등기의 말소등기는 할 수 [없다/있다].

5. 말소등기를 신청하는 경우, 그 말소에 대하여 등기상 이해관계 있는 제3자가 있으면 그 제3자의 승낙이 [필요하다/필요없다].

6. 말소된 등기의 회복을 신청할 때에 등기상 이해관계 있는 제3자가 있는 경우, 그 제3자의 승낙은 [필요하다/필요하지 않다].

---

정답 및 해설

1. [그 중 1인]

  등기관이 하는 통지는 '그 중 1인'

2. [없다]

  **권리를 다른 권리로 바꾸거나, 권리자를 '모두' 바꾸는 경정등기는 할 수 없다.**

3. [없다]

  권리자를 모두 바꾸는 경정등기는 할 수 없다.

4. [없다]

  **말소등기를 말소할 수 없다.** 말소회복등기를 하여야 한다.

5. [필요하다]

  등기상 이해관계인이 존재하는 경우 반드시 그의 승낙을 받아야 되는 것 : **말/회/직** : **말**소등기/**회**복등기/**직**권경정등기는 반드시 제3자 승낙받아야 함

  ＊ 승낙한다고 말회! (침 한번)찍!

6. [필요하다]

## [테마40] 부기등기

1. 부동산의 표시변경등기는 [주/부기]등기로 하고, 저당권이전등기는 [주/부기]등기로 한다.
2. 소유권에 대한 가압류등기는 [주/부기]등기로 하고, 소유권 외의 권리에 대한 처분제한의 등기는 [주/부기]등기로 한다.
3. 환매특약등기는 [주/부기]등기로 하고, 권리소멸의 약정등기는 [주/부기]등기로 한다.
4. 토지분필등기를 [주/부기]등기로 한다.
5. 권리의 변경등기는 등기상 이해관계가 있는 제3자의 승낙이 없는 경우에 [주등기/부기등기]로 할 수 있다.
6. 전세금을 증액하는 전세권변경등기는 등기상 이해관계 있는 제3자의 승낙 또는 이에 대항할 수 있는 재판의 등본이 없으면 [주등기/부기등기]로 해야 한다.

정답 및 해설

1. [주] [부기]

   **부동산의 표시변경등기( = 표제부의 등기)**와 **멸실등기**는 **단/주/대/신** = 주등기

   '소유권' 이전등기는 주등기로, '소유권이외의 권리'의 이전등기는 부기등기로 한다.

2. [주] [부기]

   **소유권에 대한 압류/가압류/가처분/경매등기는 주등기**로,

   **소유권이외의 권리에 대한 처분제한 등기는 부기등기**로 한다.

3. [부기] [부기]

   각종의 ~**특약**이나 ~**약정**의 등기는 '**임/근/부**' = 임의적 기재사항/근거 있을 것/부기등기이다.

4. [주]

   표제부의 등기는 단/주/대/신

   분필이나 합필의 등기는 표제부의 등기이다.

5. [주등기]

   권리의 변경/경정등기를 할 때 등/이 없거나 등/이 있어도 그의 승낙을 받으면 부기등기로 하고, 등/이 승낙을 받지 못하면 주등기로 한다.

6. [주등기]

   전세권변경등기이므로 권리의 변경등기이다. 등/이 승낙이 없으면 주등기로 한다.

## [테마41] 가등기 허용여부

1. 가등기에 의하여 보전하려는 청구권이 장래에 확정될 것인 경우에는 가등기를 할 수 [있다/없다].
2. 소유권이전등기청구권이 정지조건부일 경우, 그 청구권보전을 위한 가등기를 신청할 수 [있다/없다].
3. 소유권보존등기의 가등기는 할 수 [있다/없다].
4. 하나의 가등기에 관하여 여러 사람의 가등기권리자가 있는 경우에 그 중 일부의 가등기권리자가 자기의 가등기 지분에 관하여 본등기를 신청할 수 [있다/없다].
5. 가등기에 기한 본등기를 금지하는 취지의 가처분등기는 할 수 [있다/없다].
6. 가등기에 기한 본등기를 금지하는 취지의 가처분등기의 촉탁이 있는 경우, 등기관은 이를 [수리/각하]하여야 한다.
7. 부동산임차권의 이전청구권을 보전하기 위한 가등기는 허용[된다/되지 아니한다].
8. 근저당권 채권최고액의 변경등기청구권을 보전하기 위해 가등기를 할 수 [있다/없다].
9. 소유권이전청구권이 장래에 확정될 것인 경우, 가등기를 할 수 [있다/없다].
10. 가등기로 보전하려는 등기청구권이 해제조건부인 경우에는 가등기를 할 수 [있다/없다].

---

정답 및 해설
1. [있다]
   장래 확정될 청구권(예약상태에서의 청구권)도 가등기 가능
2. [있다]
   **시/정 가등기** : **시**기부/**정**지조건부 청구권은 **가등기**할 수 있다.
3. [없다]
   보존등기는 상대방이 없으므로 채권적 청구권이 없다. 고로 가등기할 수 없다. 가등기는 채권적 청구권에 대하여 할 수 있다.
4. [있다]
   **가/포 자기지분**
5. [없다]
   '**본등기를 금지**'하는 등기는 할 수 없다.
6. [각하]
   가등기상 권리의 **이전금지가처분은 가능**하고,
   가등기에 기한 **본등기금지가처분은 불가능**하다.
   ※ '본등기금지'는 할 수 없다.
7. [된다]
   채권적 청구권은 가등기할 수 있다.
   임차권의 이전청구권은 임대인과 임차인의 합의로 가능하므로, 채권적 청구권이다.
8. [있다]
   채권최고액의 변경은 근저당권설정자와 근저당권자의 합의가 있어야 하므로
   채권적 청구권이고, 가등기를 할 수 있다.

9. [있다]
예약만 한 상태 = 청구권이 장래 확정될 것인 경우에도 가등기는 할 수 있다.
10. [없다]
시기부, 정지조건부 청구권은 가등기 가능 = **시/정 가등기**
종기부, 해제조건부 청구권은 가등기 불가능

## [테마42] 가등기와 그 말소등기의 신청

1. 가등기[권리자/의무자]의 승낙이 있으면 가등기[권리자/의무자]가 가등기를 단독신청할 수 있다.
2. 법원의 가등기를 명하는 가처분명령이 있으면 가등기[권리자/의무자]가 가등기를 단독신청할 수 있다.
3. 가등기의 말소는 등기상 이해관계있는 자가 가등기명의인의 승낙서를 첨부하여 단독신청할 수 [있다/없다].
4. 가등기의 말소는 가등기의무자가 가등기명의인의 승낙서를 첨부하여 단독신청할 수 [있다/없다].
5. 가등기신청시 그 가등기로 보전하려고 하는 권리를 신청정보의 내용으로 등기소에 제공[하여야 한다/할 필요는 없다].
6. 하나의 가등기에 관하여 여러 사람의 가등기권리자가 있는 경우에 그 중 일부의 가등기권리자가 자기의 가등기 지분에 관하여 본등기를 신청할 수 [있다/없다].
7. 가등기에 기한 본등기는 공동신청이 원칙이나, 등기의무자의 협력이 없는 경우에는 의사진술을 명하는 판결을 받아 등기권리자가 단독으로 신청할 수 [있다/없다].

정답 및 해설
1. [의무자] [권리자]
① 가등기를 단독신청할 수 있는 자 = **가등기권리자**
무엇을 첨부? = **가등기의무자의 승낙서** 또는 법원의 **가등기가처분**명령정본
② 가등기의 말소를 단독신청할 수 있는 자 = **가등기명의인, 가등기의무자, 이해관계인**
무엇을 첨부? = 가등기의무자나 이해관계인은 **가등기명의인의 승낙서** 첨부
2. [권리자]
3. [있다]
4. [있다]
5. [하여야 한다]
등기신청할 때 어떤 등기를 신청하는지 적는 것은 모든 등기신청에 동일한 사항이다.
6. [있다]
**가/포 자기지분**
7. [있다]
판결받아 단독신청하는 것은 모든 신청에서 가능하다.
단, 가등기의무자의 승낙서를 받아 또는 법원의 가등기가처분명령이 있을 때
가등기를 단독신청하는 특례자는 '가등기권리자'뿐이다.

## [테마43] 가등기에 의한 본등기　그 때 그 사람

1. 가등기를 마친 후에 가등기의무자가 사망한 경우, 가등기의무자의 상속인은 상속등기를 할 필요가 없이 가등기권리자와 공동으로 본등기를 신청할 수 [있다/없다].

2. 가등기에 기한 본등기는 공동신청이 원칙이나, 등기의무자의 협력이 없는 경우에는 의사진술을 명하는 판결을 받아 등기권리자가 단독으로 신청할 수 [있다/없다].

3. 가등기에 기한 본등기 신청은 가등기된 권리 중 일부 지분에 대하여도 할 수 [있다/없다].

4. 가등기 후 본등기의 신청이 있는 경우, [가등기의 순위번호/새로운 순위번호]를 사용하여 본등기를 하여야 한다.

5. 가등기 후 제3자에게 소유권이 이전된 경우, 가등기에 의한 본등기 신청의 등기의무자는 [현재의 소유자/가등기를 할 때의 소유자]이다.

6. 소유권이전등기청구권보전 가등기에 의한 본등기를 한 경우, 등기관은 그 가등기 후 본등기 전에 마친 등기 전부를 직권말소[한다/할 수 없다].

7. 소유권이전등기청구권보전 가등기에 의하여 소유권이전의 본등기를 한 경우, 가등기 후 본등기 전에 마쳐진 해당 가등기상 권리를 목적으로 하는 가압류등기는 등기관이 직권으로 말소[한다/할 수 없다].

8. 지상권의 설정등기청구권보전 가등기에 의하여 지상권설정의 본등기를 한 경우, 가등기 후 본등기 전에 마쳐진 저당권설정등기는 등기관이 직권으로 말소[한다/할 수 없다].

9. 임차권설정등기청구권보전 가등기에 의한 본등기를 마친 경우, 등기관은 가등기 후 본등기 전에 가등기와 동일한 부분에 마친 부동산용익권 등기를 직권말소[한다/할 수 없다].

10. 저당권설정등기청구권보전 가등기에 의한 본등기를 한 경우, 등기관은 가등기 후 본등기 전에 마친 제3자 명의의 부동산용익권 등기를 직권말소[한다/할 수 없다].

정답 및 해설

1. [있다]

　등기를 하지 못하고 사망한 경우, 그 상속인은 상속등기를 할 필요없이
　상대방과 함께 공동신청할 수 있다. = 상속인에 의한 등기

2. [있다]

　권리의 등기는 판결받으면 단독신청할 수 있다.

3. [있다]

　**가/포 자기지분, 상/공 전원명의**

4. [가등기의 순위번호]

　가등기에 의한 본등기(本登記)를 한 경우 **본등기의 순위는 가등기의 순위에 따른다.**
　= 가등기를 한 후 본등기의 신청이 있을 때에는 **가등기의 순위번호를 사용하여 본등기를 하여야 한다.**

5. [가등기를 할 때의 소유자]

소유권이전이 된 후 본등기를 할 때에는 **가등기 당시의 소유자( = 그 때 그 사람)**과 한다.

소유권이전이 된 후 말소회복등기를 할 때에는 **말소 당시의 소유자( = 그 때 그 사람)**과 한다.

6. [할 수 없다]

① **소유권**이전청구권의 가등기에 의한 **소유권이전의 본등기를 한 경우**에 가등기 후 본등기 전 마쳐진 등기 중 **직권말소할 수 없는 것 4개**

ㄱ 가등기 **전**에 마쳐진 **가압류에 의한 강제경매**개시결정의 등기

ㄴ 가등기 **전**에 마쳐진 **저당권, 전세권, 담보가등기에 의한 임의경매**개시결정의 등기

ㄷ **해당 가등기**상 권리를 목적으로 하는 **가압류**등기나 **가처분**등기

ㄹ 가등기권자에게 **대항할 수 있는** 주택이나 상가건물의 **임차권등기**

② 지상권, 전세권 또는 임차권의 설정등기청구권보전 가등기에 의하여 **지상권, 전세권 또는 임차권의 설정의 본등기를 한 경우** 가등기 후 본등기 전에 마쳐진 등기 중 **직권말소할 수 있는 것 : 지상권, 지역권, 전세권, 임차권**설정등기와 가등기권자에게 **대항할 수 없는 주택임차권등기** 등

③ 저당권설정등기청구권보전 가등기에 의하여 **저당권설정의 본등기를 한 경우** 가등기 후 본등기 전에 마쳐진 등기는 직권말소의 대상이 되지 아니한다. = (저당권의 본등기가 된 경우에는 **아무것도 직권말소하지 않는다**)

7. [할 수 없다] 6번 해설 ① 참고

8. [할 수 없다] 6번 해설 ② 참고

9. [한다] 6번 해설 ② 참고

10. [할 수 없다] 6번 해설 ③ 참고

---

## [테마44] 가등기의 효력

1. 가등기는 그 자체로는 아무런 효력이 없다. 가등기를 하면 가등기된 권리에 대한 추정력은 [인정 된다/인정되지 않는다].

2. 가등기에 의한 본등기를 한 경우 본등기의 순위는 가등기의 순위로 [소급하고/소급하지 않고], 본등기의 권리변동효력은 가등기시로 [소급 한다/소급하지 않는다].

정답 및 해설

1. [인정되지 않는다]

가등기는 그 자체로는 아무런 효력도 인정되지 않으므로 당연히 추정력도 인정되지 않는다.

2. [소급하고], [소급하지 않는다]

가등기에 의한 본등기를 하면 **순위는 소급하고, 효력은 소급하지 않는다.**

## [테마45] 관공서의 촉탁에 의한 등기

1. 관공서가 등기를 촉탁하는 경우 우편에 의한 등기촉탁도 할 수 [있다/없다].

2. 등기권리자인 관공서가 부동산 거래의 주체로서 등기를 촉탁할 수 있는 경우 등기의무자와 공동으로 등기를 신청할 수 [있다/없다].

3. 등기의무자인 관공서가 등기권리자의 청구에 의하여 등기를 촉탁하는 경우, 등기의무자의 권리에 관한 등기필정보를 제공[하여야 한다/할 필요가 없다].

4. 촉탁에 따른 등기절차는 법률에 다른 규정이 없는 경우에는 신청에 따른 등기에 관한 규정을 준용[한다/할 수 없다].

5. 관공서가 경매로 인하여 소유권이전등기를 촉탁하는 경우, 등기기록과 대장상의 부동산의 표시가 부합하지 않은 때에는 그 등기촉탁을 [수리/각하]하여야 한다.

---

정답 및 해설

1. [있다]

   관공서가 촉탁하는 경우 등기절차의 특례: **출석/검인/필증/인감 면제**

   ① 출석 면제: 방문신청인 경우에도 출석하지 않고 우편 촉탁 가능

   ② 검인 면제: 계약을 원인으로 하는 소유권이전등기를 신청하는 경우 계약서에 검인을 받아 제출하여야 하나, 관공서의 경우에는 면제

   ③ 등기필정보 제공 면제: 관공서가 등기권리자이든 등기의무자이든 면제

   ④ 인감증명 제공 면제: 관공서가 등기의무자인 경우에 면제

   ⑤ 등기기록과 대장상의 부동산의 표시가 부합하지 않으면 각하사유이나 관공서가 촉탁하는 경우에는 각하하지 아니한다.

2. [있다]

   관공서는 촉탁할 수도 있고, 공동신청할 수도 있다.

3. [할 필요가 없다]

   관공서는 '출석'면제, '검인'면제, '필증'면제, '인감'면제

4. [한다]

5. [수리] 1번해설 ⑤ 참고

## [테마46] 이의신청

1. 등기관의 결정에 이의가 있는 자는 [해당 등기소/관할 지방법원]에 이의신청을 할 수 있다.
2. 이의신청은 대법원규칙으로 정하는 바에 따라 [해당 등기소/관할 지방법원]에 이의신청서를 제출하는 방법으로 한다.
3. 이의신청은 새로운 사실이나 새로운 증거방법을 근거로 할 수 [있다/없다].
4. 이의신청은 구술이 아닌 서면으로 하여야 하며, 그 기간에는 제한이 [있다/없다].
5. 등기신청의 각하결정에 대해 제3자는 이의신청을 할 수 [있다/없다].
6. 이의에는 집행정지의 효력이 [있다/없다].
7. 등기관의 처분에 대한 이의신청이 있을 때 그 부동산에 대한 다른 등기신청은 [수리/각하]된다.
8. 등기관은 이의가 이유없다고 인정하면 이의신청일로부터 3일 이내에 의견을 붙여 이의신청서를 [이의신청자/관할 지방법원]에게 보내야 한다.
9. 관할 지방법원은 이의신청에 대하여 결정[한 후/하기 전]에 등기관에게 이의가 있다는 뜻의 부기등기를 명령할 수 있다.

정답과 해설
1. [관할 지방법원]
   이의신청은 관할 지방법원에 신청하되, 이의신청서의 제출은 해당 등기소에 한다.
2. [해당 등기소]
   1번 해설 참고
3. [없다]
   등기관은 당사자가 제출한 서면을 대상으로 심사하므로 이의신청은 그 당시 제출된 서면을 기초로 하여 할 수 있다. 새로운 증거방법 = 새로운 서면으로는 이의신청할 수 없다.
4. [없다]
   이의의 이익이 있는 한 언제라도 이의신청을 할 수 있다.
5. [없다]
   등기법상 제3자는 등기상 이해관계있는 제3자를 의미하는데, 등기상 이해관계있는 제3자란 그 등기로 인해 등기기록상 손해볼 우려있는 자를 말한다. 등기신청이 각하되었으므로 이루어진 등기가 없으므로 제3자도 생길 수 없다.
6. [없다]
   이의신청을 해도 집행정지의 효력이 없으므로 이의신청사건이 법원에 오면 법원은 이의신청에 대하여 결정하기 '전'에 미리 가등기명령 또는 부기등기명령을 할 수 있다.
7. [수리]
   이의신청은 집행정지의 효력이 없다.
8. [관할 지방법원]
   이의가 이유있으면 등기관은 기존의 등기를 말소하거나 실행하면 되고,
   이의가 이유없으면 법원에 넘겨 그 판단을 기다려야 한다.
9. [하기 전] 1번 해설 참고

박문각 공인중개사

익힘장 빵꾸노트

## 지적법 익힘장(빵꾸노트)

### [테마01] 토지 조사와 등록 : 결/소, 등/장

1. **국토교통부장관**은 **모든 토지**를 필지별로 조사·측량하여 지적공부에 **등록**하여야 한다.
2. 지적공부에 등록하는 지번·지목·면적·경계 또는 좌표는 토지의 이동이 있을 때 토지소유자(법인이 아닌 사단이나 재단의 경우에는 그 대표자나 관리인을 말한다. 이하 같다)의 **신청을 받아** 지적소관청이 **결정**한다.
   다만, **신청이 없으면** 지적소관청이 직권으로 조사·측량하여 **결정**할 수 있다.

### [테마02] 직권등록절차

지적소관청은 토지의 이동현황을 직권으로 조사·측량하여 토지의 표시를 결정하려는 때에는 **토지이동현황**조사계획을 수립하여야 한다.
이 경우 **토지이동현황** 조사계획은 **시·군·구**별로 수립하되, 부득이한 사유가 있는 때에는 **읍·면·동**별로 수립할 수 있다.

### [테마03] 지번 총설

1. 지번은 **지적소관청**이 **지번부여지역**별로 차례대로 부여한다.
2. 지번은 아라비아숫자로 표기하되, **임야대장** 및 **임야도**에 등록하는 토지의 지번은 숫자 **앞**에 "**산**"자를 붙인다.
3. 지번은 본번과 부번으로 구성하되, 본번과 부번 사이에 "－" 표시로 연결한다. "－" 표시는 "**의**"라고 읽는다.
4. 지번은 **북서**에서 **남동**으로 부여한다.

### [테마04] 신규등록/등록전환 :

인접지 본/부, 여/인/멀리 = 최종 본/본

1. **인접**토지의 **본**번에 **부**번을 붙여서 지번을 부여하여야 한다.
2. 아래의 경우 최종 본번의 다음 순번부터 **본**번으로 하여 지번을 부여할 수 있다.
   ① **여러** 필지로 되어 있는 경우
   ② 최종 지번 토지에 **인접**한 경우
   ③ **멀리** 떨어져 있는 경우

### [테마05] 분할 : 최종부/부, 분/당 병/신

1. 1필지는 분할 전의 지번, 나머지 필지는 본번의 **최종 부**번 다음 순번으로 **부**번을 부여하여야 한다.
2. 주거·사무실 등의 건축물이 있는 필지에 대해서는 분할 전의 지번을 **우선**하여 부여하여야 한다.

### [테마06] 합병 : 선순위, 분/당 병/신

1. **선순위/본번** 중 **선순위**
2. 주거·사무실 등의 건축물이 있는 필지의 지번으로 **신청**할 때에는 그 지번으로 부여하여야 한다.

### [테마07] 지적확정측량실시지역

1. 종전 지번 중 **본번**으로 부여한다.
   단, 안과 밖에 **본번**이 같은 지번과 **경계**에 걸친 지번은 제외한다.
2. 지번의 수가 적을 때에는 **블록**단위로, 또는 **최종 본**번 다음 순번부터 **본**번으로 부여할 수 있다.

## 지적법 익힘장(빵꾸노트)

### [테마01] 토지 조사와 등록 : 결/소, 등/장

1. _____은 **모든 토지**를 필지별로 조사·측량하여 지적공부에 ____하여야 한다.
2. 지적공부에 등록하는 지번·지목·면적·경계 또는 좌표는 토지의 이동이 있을 때 토지소유자(법인이 아닌 사단이나 재단의 경우에는 그 대표자나 관리인을 말한다. 이하 같다)의 **신청을 받아** _____이 ____한다.
   다만, **신청이 없으면** _____이 직권으로 조사·측량하여 ____할 수 있다.

### [테마02] 직권등록절차

지적소관청은 토지의 이동현황을 직권으로 조사·측량하여 토지의 표시를 결정하려는 때에는 _____조사계획을 수립하여야 한다.
이 경우 _____ 조사계획은 _____별로 수립하되, 부득이한 사유가 있는 때에는 _____별로 수립할 수 있다.

### [테마03] 지번 총설

1. 지번은 _____이 _____별로 차례대로 부여한다.
2. 지번은 아라비아숫자로 표기하되, _____ 및 _____에 등록하는 토지의 지번은 숫자 __에 "__"자를 붙인다.
3. 지번은 본번과 부번으로 구성하되, 본번과 부번 사이에 "−"표시로 연결한다. "−"표시는 "__"라고 읽는다.
4. 지번은 ____에서 ____으로 부여한다.

### [테마04] 신규등록/등록전환 : 인접지 본/부, 여/인/멀리 = 최종 본/본

1. ____토지의 __번에 __번을 붙여서 지번을 부여하여야 한다.
2. 아래의 경우 최종 본번의 다음 순번부터 __번으로 하여 지번을 부여할 수 있다.
   ① ____ 필지로 되어 있는 경우
   ② 최종 지번 토지에 ____한 경우
   ③ ____ 떨어져 있는 경우

### [테마05] 분할 : 최종부/부, 분/당 병/신

1. 1필지는 분할 전의 지번, 나머지 필지는 본번의 ____ __번 다음 순번으로 __번을 부여하여야 한다.
2. 주거·사무실 등의 건축물이 있는 필지에 대해서는 분할 전의 지번을 ____하여 부여하여야 한다.

### [테마06] 합병 : 선순위, 분/당 병/신

1. __순위/____ 중 __순위
2. 주거·사무실 등의 건축물이 있는 필지의 지번으로 ____할 때에는 그 지번으로 부여하여야 한다.

### [테마07] 지적확정측량실시지역

1. 종전 지번 중 ____으로 부여한다.
   단, 안과 밖에 ____이 같은 지번과 ____에 걸친 지번은 제외한다.
2. 지번의 수가 적을 때에는 ____단위로, 또는 ____ __번 다음 순번부터 __번으로 부여할 수 있다.

## [테마08] 지적확정측량 지번 준용 지/행/축/도

지번변경, 행정구역 개편, 축척변경, 도시개발사업 등 준공 전 지번부여 = 사업계획도에 따르되, 지번부여방법 준용한다.

## [테마09] 시/대 승인 요구 : 축/반/지

시·도지사 또는 대도시 시장 승인을 받아야 하는 것 3개 : 축척변경, 지적공부의 반출, 지번변경

## [테마10] 도면 지목표기방법 장/차/천/원

도면의 지목은 부호로 표기한다.
원칙 : 두문자 (24개)
예외 : 차문자 (4개)
공장용지 - 장 / 주차장 - 차
하천 - 천 / 유원지 - 원

## [테마11] 지목

| | |
|---|---|
| 물을 상시 이용 ○ | 답 |
| 물을 상시 이용 X | 전 |
| ~을 재배 | 전/답/과수원 |
| 연·왕골 재배 | 답 |
| 연·왕골 자생 | 유지 |
| 지·지·지·땅·땅 | 임야 |
| 온수·약수·석유류 용출 | 광천지 ○ |
| 온수·약수·석유류 운송 | 광천지 X |
| 소금 제조 공장시설물 부지 | 염전 X |
| 택지조성공사 준공 | 대 |
| 공장부지 조성공사 준공 | 공장용지 |
| 노상주차장/부설주차장/물류장/야외전시장 | 주차장 X |
| 공장 안 급유·송유시설 | 주유소용지 X |
| 보관시설물부지 | 창고용지 |

| | |
|---|---|
| 실외에 물건 쌓아두는 곳 | 창고용지 X |
| 고속도로 휴게소 부지 | 도로 |
| 아파트·공장 안 통로 | 도로 X |
| 궤도/역사부지 | 철도용지 |
| 자연의 유수 | 하천 |
| 자연의 유수 + 소규모 | 구거 |
| 인공수로·둑 | 구거 |
| 육상에 인공조성된 수산생물 번식 | 양어장 |
| 국/계/법상 공원/녹지 | 공원 |
| 도시공원법상 묘지공원 | 묘지 |
| 체육시설로 영속성 미흡 | 체육용지 X |
| 학/공/종 안 유적/고적/ 기념물 부지 | 사적지 X |
| 차/차/차, 여객자동차터미널. 공항시설/항만시설 | 잡종지 |
| 과/목/묘 안 건축물부지 | 대 |
| 학/장/종 안 건축물부지 | 학/장/종 |
| 학/공/종 안 사적지 | 학/공/종 |

## [테마12] 경계 설정 기준 : 높/하 절/상

| | |
|---|---|
| 높낮이 차이 없을 때 | 구조물 중앙 |
| 높낮이 차이 있을 때 | 하단부 |
| 절토(땅깎기)된 부분 | 상단부 |
| 해면·수면에 접할 때 | 최대 만조위 |
| 제방 | 바깥쪽 어깨 |

**[테마08] 지적확정측량 지번 준용 지/행/축/도**

____변경, ____구역 개편, ____변경, ____개발사업 등 준공 __ 지번부여 = _____에 따르되, 지번부여방법 준용한다.

**[테마09] 시/대 승인 요구 : 축/반/지**

**시**·도지사 또는 **대도시 시장 승인**을 받아야 하는 것 3개 : ____변경, 지적공부의 ____, ____변경

**[테마10] 도면 지목표기방법 장/차/천/원**

도면의 지목은 ____로 표기한다.
원칙 : 두문자 (24개)
예외 : 차문자 (4개)
**공장**용지 − __ / **주차**장 − __
**하천** − __ / **유원**지 − __

**[테마11] 지목**

| | |
|---|---|
| 물을 상시 **이용** ○ | __ |
| 물을 상시 **이용 X** | __ |
| ~을 ____ | 전/답/과수원 |
| 연·왕골 **재배** | |
| 연·왕골 **자생** | __ |
| 지·지·지·땅·땅 | __ |
| 온수·약수·석유류 ____ | 광천지 ○ |
| 온수·약수·석유류 ____ | 광천지 X |
| 소금 제조 공장시설물 부지 | ____ X |
| 택지조성공사 준공 | __ |
| 공장부지 조성공사 준공 | __ |
| ____주차장/____주차장/____장/____전시장 | 주차장 X |
| ____ 안 급유·송유시설 | 주유소용지 X |
| **보관시설물**부지 | __ |

| | |
|---|---|
| ____에 물건 쌓아두는 곳 | 창고용지 X |
| **고속도로** 휴게소 부지 | ____ |
| _____ 안 통로 | 도로 X |
| **궤도**/역사부지 | ____ |
| 자연의 유수 | ____ |
| 자연의 유수 + ____ | 구거 |
| **인공수로·둑** | ____ |
| ____에 인공조성된 수산생물 번식 | 양어장 |
| 국/계/법상 공원/녹지 | ____ |
| 도시공원법상 **묘지공원** | ____ |
| 체육시설로 영속성 미흡 | 체육용지 X |
| **학/공/종** 안 유적/고적/ 기념물 부지 | ____ X |
| 차/차/차, 여객자동차터미널. 공항시설/항만시설 | ____ |
| **과/목/묘** 안 건축물부지 | __ |
| **학/장/종** 안 건축물부지 | ____ |
| **학/공/종** 안 사적지 | ____ |

**[테마12] 경계 설정 기준 : 높/하 절/상**

| | |
|---|---|
| 높낮이 차이 없을 때 | 구조물 ____ |
| **높낮이** 차이 있을 때 | ____ |
| **절**토(땅깎기)된 부분 | ____ |
| **해면·수면**에 접할 때 | ____ 만조위 |
| **제방** | ____ |

## [테마13] 분할시 지상건축물 걸리게 가능 여부

**판/공/도/도**

① 확정판결
② 공공사업 학/철/수/유/도/구/체/천
③ 도시·군 관리계획선
④ 도시개발사업

## [테마14] 지상경계점등록부 : 사/위/좌/표/공실

① 소재, 지번
② 경계점 사진 파일
③ 경계점 위치 설명도
④ 경계점좌표(경/좌 시행지역에 한함)
⑤ 경계점표지의 종류 및 경계점 위치
⑥ 공부상 지목과 실제 이용 지목

## [테마15] 면적

① 도면 : 전자면적측정기법
   좌표 : 좌표면적계산법
② 600분의 1, 경/좌/등록부 등록지역 : 제곱미터 이하 한자리 단위로 하되, 0.1m² 미만 끝수가 0.05미만 = 버리고 0.05초과 = 올리고 0.05 = 끝자리 0/짝수면 버리고 홀수면 올린다.
   최소등록면적 : 0.1m² 미만일 때에는 0.1m²로 한다.
※ 365.651m² = 365.7m²
   365.650m² = 365.6m²
   365.550m² = 365.6m²

## [테마16] 지적공부 등록사항 :

목/도/장, 축/도/장, 면/장, 이/장, 공/장, 등/장
공/대에만 지분있고 도/번없다.
도면에만 고/번 없다.

| ① 공통등록 : 소재, 지번, ~의 장번호(도면은 도면번호) | |
|---|---|
| 지목, 축척 | 지적도/임야도<br>토지대장/임야대장 |
| 면적,<br>토지이동사유,<br>공시지가,<br>토지등급 | 토지대장/임야대장 |
| 소유권지분 | 공유지연명부/대지권등록부 |
| 도면번호X | 공유지연명부/대지권등록부 |
| 고유번호X | 지적도/임야도 |
| 건물번호,<br>건물표시,<br>대지권비율 | **대지권등록부** |
| 위치/위치/수치 | 지적도/임야도 |
| 부호 및<br>부호도,<br>좌표 | 경계점좌표등록부 |
| 소유자 | 토지대장/임야대장<br>공유지연명부/대지권등록부 |

## [테마13] 분할시 지상건축물 걸리게 가능 여부

### 판/공/도/도

```
① 확정____
② ____사업 학/철/수/유/도/구/체/천
③ ____·군 관리계획선
④ ____개발사업
```

## [테마14] 지상경계점등록부 : 사/위/좌/표/공실

```
① 소재, 지번
② 경계점 ____ 파일
③ 경계점 ____ 설명도
④ 경계점____(경/좌 시행지역에 한함)
⑤ 경계점____의 종류 및 경계점 위치
⑥ ____상 지목과 ____ 이용 지목
```

## [테마15] 면적

```
① 도면 : _____측정기법
   좌표 : _____계산법
② 600분의 1, 경/좌/등록부 등록지역 : 제곱미터
   이하 __자리 단위로 하되, 0.1m² 미만 끝수가
   0.05____ = 버리고 0.05____ = 올리고
   0.05 = 끝자리 0/짝수면 ____고 홀수면 ____다.
   최소등록면적 : 0.1m² 미만일 때에는 ___m²로
   한다.
※ 365.651m² = _____ m²
   365.650m² = _____ m²
   365.550m² = _____ m²
```

## [테마16] 지적공부 등록사항 :

### 목/도/장, 축/도/장, 면/장, 이/장, 공/장, 등/장
### 공/대에만 지분있고 도/번없다.
### 도면에만 고/번 없다.

| ① 공통등록 : ____, ____, ~의 __ 번호(도면은 도면번호) | |
| --- | --- |
| ____, ____ | 지적__/임야__<br>토지대__/임야대__ |
| ____,<br>토지____사유,<br>____지가,<br>토지___ | 토지대__/임야대__ |
| 소유권___ | ____연명부/_____등록부 |
| ____번호X | 공유지연명부/대지권등록부 |
| ____번호X | 지적도/임야도 |
| ____번호,<br>____표시,<br>_____비율 | **대지권등록부** |
| 위__/위__/수__ | 지적도/임야도 |
| 부호 및<br>부호도,<br>좌표 | _____등록부 |
| ____ | 토지대장/임야대장<br>공유지연명부/대지권등록부 |

## [테마17] 경계점좌표등록부

1. <u>지적</u>도와 <u>토지</u>대장을 함께 비치
2. 경/좌/등록부 비치지역의 지적도
   ① 도면 제명 <u>끝</u>에 "<u>(좌표)</u>"
   ② 도곽선 오른쪽 아래 끝에 '이 도면에 의해 측량할 수 <u>없음</u>'
   ③ <u>좌표</u>로 계산된 경계점간 거리 등록

## [테마18] 축척

| | |
|---|---|
| 지적도 | 1/<u>500</u>, 1/<u>600</u>, 1/<u>1000</u>, 1/<u>1200</u>, 1/<u>2400</u>, 1/<u>3000</u>, 1/<u>6000</u> |
| 임야도 | 1/<u>3000</u>, 1/<u>6000</u> |

## [테마19] 지적공부 보존 관리

| (가시적)지적공부 | 정보처리시스템 |
|---|---|
| <u>소관청</u>이 지적서고에 보관 | <u>시·도지사, 시군구청장</u>이 지적정보관리체계에 보관 |
| 반출 : 천재/지변, <u>시도지사/대도시</u>시장 승인 | 복제 : <u>국/장</u> |
| 해당 <u>소관청</u>에 공개신청 | (지/임야도 <u>제외</u>) 특자시장, 시군구청장/읍면동장에 공개신청 |

## [테마20] 지적서고 : <u>2중/2중, 20±5/ 65±5, 벽15/높이10</u>

① 사무실과 <u>연접</u>
② 바닥과 벽 <u>2중</u>/ 창문 출입문 <u>2중</u>
③ 평균온도 <u>20±5</u>/평균습도 <u>65±5</u>
④ 보관상자 : 벽<u>15</u>, 높이<u>10</u>센티 띄움
⑤ <u>도면</u>은 각 <u>장</u>별로 보호대에 보관/ **나머지**는 <u>100</u>장 단위로 바인더에 보관

## [테마21] 지적전산자료(연속지적도 포함)

② 중앙행정기관의 장/소속기관의 장/지자체의 장

① <u>신청</u>하기 <u>전</u> 관계 중앙행정기관의 심사 거쳐 야 함
② <u>장/장/장</u>은 심사받지 아니함
③ <u>소유자/상속인</u>/개인정보<u>제외</u>는 **심사받지 아니 할 수 있다.**
④ 전국단위자료 : <u>국/장</u>, <u>시도지사</u>, <u>소관청</u>에게 신청
⑤ 시도단위자료 : <u>시도지사</u>, <u>소관청</u>에게 신청
⑥ 시군구단위자료 : <u>소관청</u>에게 신청

## [테마22] 연속지적도

① 지적측량에 활용할 수 <u>없</u>는 도면
② 관리정비정책 수립/시행 : <u>국/장</u>
③ 정보관리체계 구축/운영 : <u>국/장</u>
④ 도면정비시 연속지적도에 반영/정비 : <u>소관청</u>
⑤ 소관청에 경비 지원 : <u>국/장</u>
⑥ 법인/단체/기관에 위탁관리경비 지원 : <u>국/장</u> 또는 <u>소관청</u>

## [테마23] 부동산종합공부 등록사항

① <u>토지</u>표시와 소유자 : 지적공부
② <u>건물</u>표시와 소유자 : 건축물대장
③ 토지이용규제 : <u>토지이용계획</u>확인서
④ 부동산 가격 : 개별<u>공시</u>지가, <u>개별</u>주택가격/<u>공동</u>주택가격
⑤ 부동산 <u>권리</u> : 부동산등기법 48조

## [테마24] 부동산종합공부 관리운영

① 관리운영/보존/복제 : 모두 <u>소관청</u>
② 관리기관장은 소관청에 정보제공
③ 소관청은 관리기관장에 <u>자료제출</u>요구
④ 등록사항불일치정정 : 소관청은 <u>관리기관장</u>에게 정정 요청/소유자는 <u>소관청</u>에 정정신청
⑤ 열람 등 신청 : <u>소관청</u>/<u>읍면동</u>의 장

## [테마17] 경계점좌표등록부

1. ____도와 ____대장을 함께 비치
2. 경/좌/등록부 비치지역의 지적도
   ① 도면 제명 __에 "____"
   ② 도곽선 오른쪽 아래 끝에 '이 도면에 의해 측량할 수 __음'
   ③ ____로 계산된 경계점간 거리 등록

## [테마18] 축척

| | |
|---|---|
| 지적도 | 1/____, 1/____, 1/____,<br>1/____, 1/____,<br>1/____, 1/____ |
| 임야도 | 1/____, 1/____ |

## [테마19] 지적공부 보존 관리

| (가시적)지적공부 | 정보처리시스템 |
|---|---|
| ____이<br>지적서고에 보관 | _____이<br>지적정보관리체계에 보관 |
| 반출 : 천재/지변,<br>_____시<br>장 승인 | 복제 : ____ |
| 해당 ____에<br>공개신청 | (지/임야도 ____)<br>특자시장, 시군구청장/읍면동<br>장에 공개신청 |

## [테마20] 지적서고 : 2중/2중, 20±5/ 65±5, 벽15/높이10

① 사무실과 ____
② 바닥과 벽 ___/ 창문 출입문 ___
③ 평균온도 __±_/평균습도 __±_
④ 보관상자 : 벽__, 높이__센티 띄움
⑤ **도면**은 각 __별로 보호대에 보관/
   **나머지**는 ___장 단위로 바인더에 보관

## [테마21] 지적전산자료(연속지적도 포함)

② **중앙행정기관의 장/소속기관의 장/지자체의 장**

① ____하기 __ 관계 중앙행정기관의 심사 거쳐
   야 함
② _____은 심사받지 아니함
③ _____/_____/개인정보___는 **심사받지 아니
   할 수 있다.**
④ 전국단위자료 : ____, _____, _____에게
   신청
⑤ 시도단위자료 : _____, _____에게 신청
⑥ 시군구단위자료 : _____에게 신청

## [테마22] 연속지적도

① 지적측량에 활용할 수 __는 도면
② 관리정비정책 수립/시행 : ____
③ 정보관리체계 구축/운영 : ____
④ 도면정비시 연속지적도에 반영/정비 : _____
⑤ 소관청에 경비 지원 : ____
⑥ 법인/단체/기관에 위탁관리경비 지원 :
   ____ 또는 _____

## [테마23] 부동산종합공부 등록사항

① ____표시와 소유자 : 지적공부
② ____표시와 소유자 : 건축물대장
③ 토지이용규제 : _____확인서
④ 부동산 가격 : 개별___지가,
   ___주택가격/___주택가격
⑤ 부동산 ____ : 부동산등기법 48조

## [테마24] 부동산종합공부 관리운영

① 관리운영/보존/복제 : 모두 _____
② 관리기관장은 소관청에 정보제공
③ 소관청은 관리기관장에 _____요구
④ 등록사항불일치정정 : 소관청은 _____에게
   정정 요청/소유자는 _____에 정정신청
⑤ 열람 등 신청 : _____/_____의 장

**[테마25] 지적정보전담관리기구 : 주/가/공/부**

① 설치운영 : 국/장
② 국/장의 자료요청사항 :
　주민등록 전산자료,
　가족관계등록 전산자료,
　공시지가 전산자료,
　부동산등기 전산자료

**[테마26] 지적공부 복구자료 : 등기부/판결/동/결/결/소/복**

① 등기부/판결/지적공부등본
　/측량결과도/토지이동정리결의서/
　소관청 작성서류/복제된 지적공부
② 소유자복구는 등기부/판결에 의함

**[테마27] 복구절차**

① 지적공부 : 소관청이 지체 없이 복구
　정보처리시스템 : 시도지사/시군구청장이
　지체없이 복구
② 면적증감 허용범위내 : 조사된 면적으로
　면적증감 허용범위 초과 : 복구측량
③ 복구 전 시군구게시판 및 인터넷
　홈피에 15일 이상 게시

**[테마28] 토지이동 신청의무**

① 신규등록/등록전환/지목변경/분할/
　합병 : 소유자가 사유발생일부터 60일 이내
　소관청에 신청
② 등록말소 : 소유자가 소관청의 통지 받은 날
　부터 90일 이내 소관청에 신청
③ 신청의무 위반시 벌칙 : 없음

**[테마29] 신규등록 제출서류와 특징 소/판/기/준**

① 소유권증명서류/판결서/기획재정부
　장관과 협의한 문서/준공검사확인증
② 제출서류를 해당 소관청이 관리하는 경우 그
　소관청의 확인으로 제출 갈음
③ 소유자는 소관청이 직접 조사결정/
　등기촉탁 하지 않는다.

**[테마30] 등록전환 허가신고/대/도/사**

① ~허가신고/대부분 등록전환/
　도시군관리계획선/사실상 형질변경
② 면적 결정 방법 :
　허용범위 이내 : 등록전환될 면적
　허용범위 초과 : 직권정정

**[테마31] 분할**

① 의무분할 : 1필지의 일부 용도변경시
② 면적 결정 방법 :
　허용범위 이내 : 오차를 나눈다.
　허용범위 초과 : 직권정정

**[테마32] 합병할 수 없는 경우 연/지/지/소/축/등**

① 연접X,
　지목/지번부여지역/축척 다른 경우
　소유자나 지분/주소가 다른 경우
　등기여부가 다른 경우
② 지상권/(승역지)지역권/전세권/임차권외의
　등기가 있는 경우
③ 등기원인/연월일/접수번호가 다른
　저당권등기가 있는 경우
④ 등기사항이 다른
　신탁등기가 있는 경우

## [테마25] 지적정보전담관리기구 : 주/가/공/부

① 설치운영 : _____
② 국/장의 자료요청사항 :
　___등록 전산자료,
　_____등록 전산자료,
　_____ 전산자료,
　_____ 전산자료

## [테마26] 지적공부 복구자료 : 등기부/판결/등/결/결/소/복

① _____/___/지적공부___
　/측량_____/토지이동정리_____/
　_____ 작성서류/___된 지적공부
② 소유자복구는 _____/___에 의함

## [테마27] 복구절차

① 지적공부 : _____이 _____ 복구
　정보처리시스템 : _____이
　지체 없이 복구
② 면적증감 허용범위**내** : ___된 면적으로
　면적증감 허용범위 **초과** : 복구___
③ 복구 전 시군구게시판 및 인터넷
　홈피에 __일 이상 게시

## [테마28] 토지이동 신청의무

① 신규등록/등록전환/지목변경/분할/
　합병 : 소유자가 _____부터 __일 이내
　소관청에 신청
② 등록말소 : 소유자가 소관청의 통지 ___ 날
　부터 __일 이내 소관청에 신청
③ 신청의무 위반시 벌칙 : 없음

## [테마29] 신규등록 제출서류와 특징 소/판/기/준

① _____증명서류/___서/_____
　장관과 협의한 문서/___검사확인증
② 제출서류를 해당 소관청이 관리하는 경우 그
　_____의 확인으로 제출 갈음
③ 소유자는 _____이 직접 조사결정/
　등기___ 하지 않는다.

## [테마30] 등록전환 허가신고/대/도/사

① ~ ___신고/_____ 등록전환/
　___군관리계획선/_____ 형질변경
② 면적 결정 방법 :
　허용범위 **이내** : 등록전환_ 면적
　허용범위 **초과** : ___정정

## [테마31] 분할

① 의무분할 : 1필지의 ___ 용도변경시
② 면적 결정 방법 :
　허용범위 **이내** : 오차를 _____
　허용범위 **초과** : ___정정

## [테마32] 합병할 수 없는 경우 연/지/지/소/축/등

① **연**접X,
　**지**목/**지**번부여지역/**축**척 ___ 경우
　**소**유자나 지분/주소가 ___ 경우
　**등**기여부가 ___ 경우
② 지상권/(승역지)지역권/전세권/임차권__의
　등기가 있는 경우
③ 등기원인/연월일/접수번호가 _____
　저당권등기가 있는 경우
④ 등기사항이 ___
　신탁등기가 있는 경우

## [테마33] 합병과 측량

① 합병은 **측량**하지 않는다.
② 경계/좌표 : 필요없는 부분 말소(측량X)
  면적 : **합산**(측량X)

## [테마34] 지목변경 증명서류 생략사유

① ~허가 등 규제받지 않는 토지,
  **전/답/과수원** 상호간 지목변경
② 제출서류를 소관청이 관리하는 경우
  : **소관청**의 확인으로 제출 갈음

## [테마35] 등록말소

① 신청 : 소관청의 통지**받은** 날부터
  **90**일 이내 신청없으면 **직권**말소
② 다시 토지로 된 경우 소관청이 회복등록을 할
  수 있다(신청필요 **X**).
③ 등록말소와 회복등록통지 : 소관청이 **소유자**
  및 **공유수면**관리청에 함

## [테마36] 원칙적 축척변경 동/결/승

① 토지소유자 **2/3**이상 **동의** → 축/변/위 **의결**
  → **시도지사/대도시**시장 **승인**
② 소유자가 신청할 때에는 소유자 **2/3**이상 동
  의서를 제출하여야 함
③ 지번·지목·면적·경계 또는 좌표를 새로 정
  한다.

## [테마37] 예외적 축척변경

① 사유 : **합병**을 위한 축척변경 + 도시개발 사
  업 시행에서 **제외**된 토지의 축척변경
② 의결/승인 받을 필요 **없**다.
③ **면적**만 새로 정한다.

## [테마38] 축척변경절차 1

**20/30/15/20/1월/1월/6월/6월**

① **시행공고** : **20**일 이상
  **공고일부터 30일 이내 : 경계점표지** 설치
② **청산금**(결정)공고 : **15**일 이상
  **공고일부터 20일 이내 : 납부고지/수령통지**
③ 청산금 이의신청 : **1월** 내 **소관청에** 제기
  이의신청 심의/의결 : **1월** 내 축/변/위
④ 청산금 납부 : 고지**받은** 날부터 **6월** 내
  청산금 지급 : 수령통지**한** 날부터 **6월** 내

## [테마39] 축척변경 기타 사항

① 면적변동사항 기재 서류 : **지번별** 조서
② **확정**공고는 청산금 **지급 및 납부가 완료된 때
  지체 없이** 함
  **확정**공고일에 토지이동 있는 것으로 본다.
③ 면적증감 청산하지 않는 경우 :
  허용범위 **이내** 증감인 때
  소유자 **전원**이 청산하지 않기로 합의한 때
④ 청산금의 **초과액이나 부족액**은
  그 **지방자치단체**가 수입 또는 부담한다.

## [테마40] 축척변경위원회

① 위원 수 : **5명** 이상 **10명** 이하,
  위원의 **1/2**이상을 소유자로 함
  소유자가 **5명** 이하이면 전원을 위원으로
② 위원은 **소관청**이 위촉
  위원장은 **소관청**이 지명
③ 회의소집 : 위원장이 회의 **5일** 전까지
  각 위원에게 서면통지하여 소집
④ 심의/의결 : **과반수** 출석 + **과반수** 찬성

## [테마33] 합병과 측량

① 합병은 ____하지 않는다.
② 경계/좌표 : 필요없는 부분 말소(측량X)
　　면적 : ____(측량X)

## [테마34] 지목변경 증명서류 생략사유

① ~허가 등 규제받지 않는 토지,
　　_/_/_　상호간 지목변경
② 제출서류를 소관청이 관리하는 경우
　　: _____의 확인으로 제출 갈음

## [테마35] 등록말소

① 신청 : 소관청의 통지___ 날부터
　　__일 이내 신청없으면 ___말소
② 다시 토지로 된 경우 소관청이 회복등록을 할
　　수 있다(신청필요 _).
③ 등록말소와 회복등록통지 : 소관청이 _____
　　및 _____관리청에 함

## [테마36] 원칙적 축척변경 동/결/승

① 토지소유자 ___이상 **동의** → 축/변/위 **의결**
　　→ _____/_____시장 **승인**
② 소유자가 신청할 때에는 소유자 ___이상 동
　　의서를 제출하여야 함
③ 지번 · 지목 · 면적 · 경계 또는 좌표를 새로 정
　　한다.

## [테마37] 예외적 축척변경

① 사유 : ___을 위한 축척변경 + 도시개발 사
　　업 시행에서 ___된 토지의 축척변경
② 의결/승인 받을 필요 __다.
③ ___만 새로 정한다.

## [테마38] 축척변경절차 1
20/30/15/20/1월/1월/6월/6월

① **시행공고** : __일 이상
　　**공고일부터** __**일 이내** : **경계점표지** 설치
② **청산금**(결정)**공고** : __일 이상
　　**공고일부터** __**일 이내** : **납부고지/수령통지**
③ 청산금 이의신청 : ___ 내 **소관청에** 제기
　　이의신청 심의/의결 : __ 내 축/변/위
④ 청산금 납부 : 고지___ 날부터 ___ 내
　　청산금 지급 : 수령통지_ 날부터 ___ 내

## [테마39] 축척변경 기타 사항

① 면적변동사항 기재 서류 : _____ **조서**
② ___공고는 청산금 **지급 및 납부가 완료된 때**
　　**지체 없이** 함
　　___공고일에 토지이동 있는 것으로 본다.
③ 면적증감 청산하지 않는 경우 :
　　허용범위 ___ 증감인 때
　　소유자 ___이 청산하지 않기로 합의한 때
④ 청산금의 **초과액이나 부족액**은
　　그 _____가 수입 또는 부담한다.

## [테마40] 축척변경위원회

① 위원 수 : __ 이상 ___ 이하,
　　위원의 ___이상을 소유자로 함
　　소유자가 ___ 이하이면 전원을 위원으로
② 위원은 _____이 위촉
　　위원장은 _____이 지명
③ 회의소집 : 위원장이 회의 ___ 전까지
　　각 위원에게 서면통지하여 소집
④ 심의/의결 : _____ 출석 + _____ 찬성

## [테마41] 도시개발사업지역 토지이동 신청

① 토지이동신청 : 사업시행자만 신청 가능, 토지이동을 원하는 소유자는 사업시행자에게 신청하도록 요청하여야 함
② 사업 착수/변경/완료사실 신고 : 사업시행자가 소관청에 15일 이내 신고
③ 도시개발사업 등은 형질변경공사가 준공된 때 토지이동이 이루어진 것으로 본다.
④ 주택건설사업 시행자가 파산한 경우 주택 시공 보증한 자 또는 입주예정자가 신청할 수 있다.
⑤ 환지를 수반하는 경우 사업완료신고로써 토지이동신청에 갈음할 수 있다.

## [테마42] 등록사항 정정

1. 토지표시 신청정정
   ① 경계변경 : 인접토지소유자의 승낙서 + 등록사항정정측량성과도 첨부
   ② 면적변경 : 등록사항정정측량성과도첨부
2. 직권정정
   ① 측량성과와 다르게 정리된 경우
   ② 토지이동정리결의서와 다르게 정리된 경우
   ③ 면적증감없이 경계의 위치만 잘못된 경우
   ④ 면적환산이 잘못된 경우
   ⑤ 지적공부 작성/재작성이 잘못된 경우
   ⑥ 지적공부등록사항이 잘못 입력된 경우
   ⑦ 지적위원회 의결서에 따라 정정하는 경우
   ⑧ 토지합필등기신청의 각하통지가 있는 경우

## [테마43] 토지소유자 정정자료

① 등기된 토지 : 등기완료통지서, 등기전산 정보자료, 등기필증, 등기사항증명서
② 미등기토지 : 가족관계 기록사항 증명서

## [테마44] 소유자 정리와 등기촉탁

① 등기부와 지적공부의 토지표시가 일치하지 않으면 소유자를 정리할 수 없다.
   → 불일치를 등기소에 통지하여야 한다.
② 신규등록하는 토지소유자는 소관청이 직접 조사하여 등록한다.
③ 신규등록은 등기촉탁하지 아니한다.
④ 등기촉탁은 지체 없이 하여야 한다.

## [테마45] 지적정리의 통지

① 변경등기 필요한 경우 : 등기완료통지서를 접수한 날부터 15일 이내
② 변경등기 필요하지 아니한 경우 : 지적공부에 등록한 날부터 7일 이내

## [테마46] 지적측량

① 검사측량과 지적재조사측량은 의뢰할 수 없다.
② 지적현황측량과 경계복원측량은 측량검사하지 아니한다.
③ 지적현황측량과 경계복원측량은 면적측정하지 아니한다.
④ 도시개발사업 등에 따라 토지표시를 정하는 측량은 지적확정측량이다.
⑤ 지상건축물 등의 현황을 도면에 표시하기 위한 측량은 지적현황측량이다.

## [테마41] 도시개발사업지역 토지이동 신청

① 토지이동신청 : _____만 신청 가능, 토지이동을 원하는 **소유자는** _____**에게 신청하도록 요청**하여야 함
② 사업 착수/변경/완료사실 신고 : _____가 _____에 ___ 이내 신고
③ **도시개발사업 등**은 형질변경공사가 ___된 때 **토지이동이 이루어진 것**으로 본다.
④ **주택건설사업** 시행자가 **파산**한 경우 주택 시공 ___한 자 또는 입주___자가 신청할 수 있다.
⑤ ___를 수반하는 경우 사업___신고로써 **토지이동신청에 갈음**할 수 있다.

## [테마42] 등록사항 정정

1. 토지표시 **신청정정**
   ① **경계**변경 : 인접토지소유자의 _____ + 등록사항정정_____ 첨부
   ② **면적**변경 : 등록사항정정**측량성과도**첨부
2. **직권정정**
   ① _____와 다르게 정리된 경우
   ② 토지이동_____와 다르게 정리된 경우
   ③ 면적증감___ 경계의 위치만 잘못된 경우
   ④ ___환산이 잘못된 경우
   ⑤ 지적공부 작성/재작성이 잘못된 경우
   ⑥ 지적공부등록사항이 잘못 입력된 경우
   ⑦ 지적위원회 의결서에 따라 정정하는 경우
   ⑧ 토지___등기신청의 **각하통지**가 있는 경우

## [테마43] 토지소유자 정정자료

① 등기된 토지 : ___완료통지서, ___전산 정보자료, ___필증, ___사항증명서
② 미등기토지 : _____ 기록사항 증명서

## [테마44] 소유자 정리와 등기촉탁

① 등기부와 지적공부의 **토지표시**가 일치하지 않으면 _____를 정리할 수 없다.
   → 불일치를 _____에 통지하여야 한다.
② _____하는 토지소유자는 소관청이 직접 조사하여 등록한다.
③ _____은 등기촉탁하지 아니한다.
④ 등기촉탁은 _____ 하여야 한다.

## [테마45] 지적정리의 통지

① 변경등기 **필요**한 경우 : _____를 접수한 날부터 ___ 이내
② 변경등기 **필요하지 아니한** 경우 : _____에 등록한 날부터 ___ 이내

## [테마46] 지적측량

① ___측량과 _____측량은 의뢰할 수 없다.
② _____측량과 _____측량은 측량검사하지 아니한다.
③ _____측량과 _____측량은 면적측정하지 아니한다.
④ **도시개발사업** 등에 따라 토지표시를 정하는 측량은 _____측량이다.
⑤ **지상건축물** 등의 현황을 도면에 표시하기 위한 측량은 _____측량이다.

## [테마47] 지적측량 절차

① 지적측량은 **지적측량수행자**에게 의뢰한다.
② 의뢰받은 수행자는 **다음날**까지 **지적측량수행계획서**를 **지적소관청**에 제출한다.
③ 측량기간은 **5**일, 검사기간은 **4**일로 한다.
④ 지적기준점이 **15**점 이하인 경우 **4**일을, **15**점을 초과하는 경우에는 **4**일에 **15**점을 초과하는 **4**점마다 **1**일을 가산한다.
⑤ 합의하여 기간을 정하는 경우 4분의 **3**은 측량기간으로, 4분의 **1**은 측량검사기간으로 본다.
⑥ **지적삼각점**측량성과와 **지적확정**측량성과는 시도지사 또는 대도시 시장이 검사한다.

## [테마48] 지적기준점성과의 공개

① **지적삼각점성과**는 **시도지사** 또는 **소관청**에게 공개청구
② **지적삼각보조점**성과와 **지적도근점**성과는 **소관청**에게 공개청구

## [테마49] 지적위원회

1. **지방**지적위원회
   ① **시도**에 둔다.
   ② 심의/의결 : **적부심사** 심의의결만 한다.
2. **중앙**지적위원회
   ① **국토교통부**에 둔다.
   ② 심의/의결 : **재심사/개발/개발/양성/징계**
   ③ 위원 : 위원장/부위원장 각 1명 **포함**한 **5명** 이상 **10명** 이하. **국/장이 임명**
   ④ **위원장**은 국토교통부 지적업무담당**국장**, **부위원장**은 국토교통부 지적업무담당**과장**
   ⑤ 위원장/부위원장을 **제외**한 위원임기는 **2년**

## [테마50] 지적측량적부심사

① 적부심사청구인 : 소유자/이해관계인 /**지적측량수행자**
② 심사청구받은 시도지사는 **30일** 이내에 지방지적위원회에 회부
③ 지방지적위원회는 회부받은 날부터 **60일** 이내에 심의/의결. 부득이한 경우 **30일** 이내에서 한번만 연장할 수 있다.
④ 지방지적위원회는 의결서를 **지체 없이 시도지사에게** 송부하여야 한다.
⑤ 시도지사는 지방지적위원회의 의결서를 받으면 **7일** 이내에 심사청구인 및 이해관계인에게 통지하여야 한다.
⑥ 의결에 불복하는 경우 의결서를 받은 날부터 **90일** 이내에 국토교통부장관을 거쳐 중앙지적위원회에 **재심사를 청구**할 수 있다.

## [테마51] 축/변/위와 지적위원회 공통점

① 위원수 : **5명** 이상 **10명** 이하
② 위원회 심의/의결 : **과반수 + 과반수**
③ 회의소집 : **위원장이 소집**. **5일**전까지 각 위원에게 서면통지

## [테마47] 지적측량 절차

① 지적측량은 _____에게 의뢰한다.
② 의뢰받은 수행자는 _____까지 **지적측량수행계획서**를 _____에 제출한다.
③ 측량기간은 _일, 검사기간은 _일로 한다.
④ 지적기준점이 __점 이하인 경우 _일을, __점을 초과하는 경우에는 _일에 __점을 초과하는 _점마다 _일을 가산한다.
⑤ 합의하여 기간을 정하는 경우 4분의 _은 측량기간으로, 4분의 _은 측량검사기간으로 본다.
⑥ _____측량성과와 _____측량성과는 시도지사 또는 대도시 시장이 검사한다.

## [테마48] 지적기준점성과의 공개

① **지적삼각점성과**는 _____ 또는 _____에게 공개청구
② **지적삼각보조점**성과와 **지적도근점**성과는 _____에게 공개청구

## [테마49] 지적위원회

1. **지방**지적위원회
   ① ____에 둔다.
   ② 심의/의결 : _____ 심의의결만 한다.
2. **중앙**지적위원회
   ① _____에 둔다.
   ② 심의/의결 : ____ / ____ / ____ / ____
   ③ 위원 : 위원장/부위원장 각 1명 ____한 ____ 이상 ____ 이하. **국/장이 임명**
   ④ **위원장**은 국토교통부 지적업무담당____, **부위원장**은 국토교통부 지적업무담당____
   ⑤ 위원장/부위원장을 ____한 위원임기는 ____

## [테마50] 지적측량적부심사

① 적부심사청구인 : 소유자/이해관계인 / _____
② 심사청구받은 시도지사는 ____ 이내에 지방지적위원회에 회부
③ 지방지적위원회는 회부받은 날부터 ____ 이내에 심의/의결. 부득이한 경우 ____ 이내에서 한번만 연장할 수 있다.
④ 지방지적위원회는 의결서를 _____ **시도지사에게** 송부하여야 한다.
⑤ 시도지사는 지방지적위원회의 의결서를 받으면 ___ 이내에 심사청구인 및 이해관계인에게 통지하여야 한다.
⑥ 의결에 불복하는 경우 의결서를 받은 날부터 ____ 이내에 국토교통부장관을 거쳐 중앙지적위원회에 **재심사를 청구**할 수 있다.

## [테마51] 축/변/위와 지적위원회 공통점

① 위원수 : ___ 이상 ___ 이하
② 위원회 심의/의결 : **과반수** + **과반수**
③ 회의소집 : **위원장이 소집**. ___전까지 각 위원에게 서면통지

## 등기법 익힘장(빵꾸노트)

### [테마1] 등기의 순위  같/순 다/접

① **같은 구**는 **순위**번호, **다른 구**는 **접수**번호
② **부기등기**는 **주**등기의 순위에 따르고
   부기등기 **상호간**은 **등기**순서 따른다.
③ 가등기에 의한 본등기를 하면
   **본등기의 순위**는 **가등기**의 순위에 따른다.
④ **대지권**에 대한 등기로서의 효력이 있는 등기
   와 **대지권**의 목적인 토지의 등기기록 중 해당
   구에 한 등기의 순서는 **접수**번호에 따른다.

### [테마2] 등기의 추정력

① 추정을 받으면 **입증**책임 면제된다.
② **반증**이 제시되면 **추정력은 깨진다**.
③ 법률관계 **당사자간**에도 **추정력 인정**
   단, **보존**등기는 **당사자간 추정력 불인정**
④ **담보물권등기**가 되면 피담보**채권의 존재도 추
   정**됨
⑤ **사망자** 명의 등기, **허무인** 명의의 등기에는
   추정력 인정되지 않는다.

### [테마3] 등기소의 관할

1. 여러 개의 **관할 중 하나**에 신청가능
   ① 공동**저당**, 공동**전세**, 공동**전전세**
      또는 그 이전/변경/말소등기 신청
   ② **추가**공동저당등기의 신청
2. **관할 아닌 등기소** 신청 가능
   ① **상속** 또는 **유증**으로 인한
      소유권 이전등기를 신청하는 경우
   ② 상속등기 후 협의분할/협의해제한 경우
3. 관할의 **지정** = **상급**법원의 장
4. 관할의 **위임**, 등기사무의 **정지**
   = **대법원장**

### [테마4] 구분건물 등기부

① 1동의 건물을 구분한 건물에 있어서는
   1동의 건물에 속하는 **전부**에 대하여
   1개의 등기기록을 사용한다.
② 구분건물에 대한 등기사항증명서의 발급 :
   **1동**의 건물의 표제부와 **해당** 전유부분에 관한
   등기기록을 1개의 등기기록으로 본다.

### [테마5] 등기부 기타 보관

① **등기부**와 그 부속서류는 **전쟁·천재지변** 외
   에는 옮기지 못한다.
② **신청서**나 그 밖의 부속서류는 **법원의 명령이
   나 촉탁**이 있을 때에도 옮길 수 있다.

### [테마6] 신청주의

① 등기는 당사자의 **신청** 또는 관공서의 **촉탁**에
   따라 한다.
② 촉탁은 **신청**규정을 준용한다.
③ 등기를 마친 경우 그 등기는 **접수**한 때부터
   효력을 발생한다.

### [테마7] 등기당사자능력  학/읍/조/태

| | |
|---|---|
| 있음 | **자연인, 법인, 법인 아닌 사단재단, 외국인, 학교법인, 국가/지자체, 동리(법인 아닌 사단의 실체 가질 때)** |
| 없음 | **학교**, **읍면동리**, 민법상 **조합**, **태아** |

## 등기법 익힘장(빵꾸노트)

### [테마1] 등기의 순위  같/순 다/접

① **같은 구**는 ___번호, **다른 구**는 ___번호
② **부기등기**는 __등기의 순위에 따르고
부기등기 **상호간**은 ___순서 따른다.
③ 가등기에 의한 본등기를 하면
**본등기의 순위**는 _____의 순위에 따른다.
④ **대지권**에 대한 등기로서의 효력이 있는 등기
와 **대지권**의 목적인 토지의 등기기록 중 해당
구에 한 등기의 순서는 ___번호에 따른다.

### [테마2] 등기의 추정력

① 추정을 받으면 ___책임 면제된다.
② ___이 제시되면 **추정력은 깨진다**.
③ 법률관계 **당사자간**에도 **추정력 인정**
단, ___등기는 **당사자간 추정력 불인정**
④ **담보물권등기**가 되면 피담보___의 존재도 추
정됨
⑤ _____ 명의 등기, _____ 명의의 등기에는
추정력 인정되지 않는다.

### [테마3] 등기소의 관할

1. 여러 개의 **관할 중 하나**에 신청가능
① 공동___, 공동___, 공동_____
또는 그 이전/변경/말소등기 신청
② ___공동저당등기의 신청
2. **관할 아닌 등기소** 신청 가능
① ___ 또는 ___으로 인한
소유권 이전등기를 신청하는 경우
② 상속등기 후 협의분할/협의해제한 경우
3. 관할의 **지정** = ___법원의 장
4. 관할의 **위임**, 등기사무의 **정지**
= _____

### [테마4] 구분건물 등기부

① 1동의 건물을 구분한 건물에 있어서는
1동의 건물에 속하는 ___에 대하여
1개의 등기기록을 사용한다.
② 구분건물에 대한 등기사항증명서의 발급 :
___의 건물의 표제부와 ___ 전유부분에 관한
등기기록을 1개의 등기기록으로 본다.

### [테마5] 등기부 기타 보관

① _____와 그 부속서류는 **전쟁·천재지변** 외
에는 옮기지 못한다.
② _____나 그 밖의 부속서류는 **법원의 명령이
나 촉탁**이 있을 때에도 옮길 수 있다.

### [테마6] 신청주의

① 등기는 당사자의 ___ 또는 관공서의 ___에
따라 한다.
② 촉탁은 ___규정을 준용한다.
③ 등기를 마친 경우 그 등기는 ___한 때부터
효력을 발생한다.

### [테마7] 등기당사자능력  학/읍/조/태

| 있음 | 자연인, 법인, 법인 아닌 사단재단,<br>외국인, 학교법인, 국가/지자체,<br>동리(법인 아닌 사단의 실체 가질 때) |
|---|---|
| 없음 | ___, ___동리, 민법상 ___, ___ |

## [테마8] 등기권리자/등기의무자

| 등/권 | **등기**기록상 유리한 자 |
|---|---|
| 등/의 | **등기**기록상 불리한 자 |

1. 소유권이전 후 (근)저당권말소등기 :
   **저당권설정자**(구소유자) 또는 **현재 소유자**와 저당권자가 공동신청
2. 소유권이전 후 가등기에 의한 본등기 :
   **가등기당시** 소유자(구소유자)와 가등기권리자
3. 소유권이전 후 저당권말소회복등기 :
   **말소당시** 소유자와 말소된 저당권자

## [테마9] 단독신청 판/수/보/상/표/표/신/혼/가

① 이행/인수판결 : **승소**한 등/권 또는 등/의 단독신청
   **공유물분할**판결 : 등/권 또는 등/의 단/신
② **수용** 원인 이전등기
③ **보존**등기와 **그 말소**등기
④ **상속/합병**으로 인한 이전등기
⑤ 부동산**표시**/등기명의인**표시**에 관한 등기
⑥ **신탁**등기와 **그 말소**등기
⑦ **혼동**으로 인한 말소등기
⑧ **가등기가처분**에 의한 가등기

## [테마10] 포괄승계인에 의한 등기신청

① **공동**신청
② **상속**등기 안함
③ **각하** 안함

## [테마11] 대위신청

1. 채권자 대위신청
   ① 등기권리자는 (피대위)**채무자**
   ② 등기완료 후 **채권자와 채무자**에게 등기완료통지를 함

## [테마12] 농/취/증, 토지거래허가 면제사유

공/포/진/상/합/취/수

**공유물**분할 / **포괄**유증 / **진정**명의회복 /
**상**속 / **합**병 / **취득**시효 / **수용**

## [테마13] 주소/주민번호 증명서면

등기**권리자**만 제공
단, **소유권이전**등기는 **등기의무자의 주소증명서면**도 제공하여야 한다.

## [테마14] 법인 아닌 사단/재단의 등기

① 대표자나 관리인이 **법인 아닌 사단이나 재단**의 명의로 등기신청
② 법인 아닌 사단이 등기**의무자**인 경우 사원총회결의서를 제공하여 신청
③ 스스로 전자신청을 할 수 **없**다.

## [테마15] 등기필정보 대/승/직/관/공유

1. 등기필정보 제공하는 경우 :
   **공동**신청 + 승소한 등기**의무자**의 단/신
2. 등기필증은 절대로 **재교부**되지 아니한다.
3. 등기필정보 작성/통지하지 않는 경우
   ① 채권자 **대위**신청에 의한 등기
   ② **승소**한 **등기의무자**의 신청에 의한 등기
   ③ **직권** 보존등기
   ④ **관공서**가 **등기권리자**인 경우
   ⑤ **공유자** 중 **일부**가 공유물보존행위로 공유자 전원을 등기권리자로 하여 등기신청한 경우 나머지 공유자

## [테마8] 등기권리자/등기의무자

| 등/권 | ____기록상 유리한 자 |
|---|---|
| 등/의 | ____기록상 불리한 자 |

1. 소유권이전 후 (근)저당권말소등기 :
   _____(구소유자) 또는 _____와
   저당권자가 공동신청
2. 소유권이전 후 가등기에 의한 본등기 :
   _____ 소유자(구소유자)와 가등기권리자
3. 소유권이전 후 저당권말소회복등기 :
   _____ 소유자와 말소된 저당권자

## [테마9] 단독신청 판/수/보/상/표/표/신/혼/가

① 이행/인수판결 : ____한 등/권 또는 등/의 단
   독신청
   _____판결 : 등/권 또는 등/의 단/신
② **수용** 원인 이전등기
③ **보존**등기와 **그 말소**등기
④ **상속/합병**으로 인한 이전등기
⑤ 부동산**표시**/등기명의인**표시**에 관한 등기
⑥ **신탁**등기와 **그 말소**등기
⑦ ____으로 인한 말소등기
⑧ **가등기가처분**에 의한 가등기

## [테마10] 포괄승계인에 의한 등기신청

① ____신청
② ____등기 안함
③ ____ 안함

## [테마11] 대위신청

1. 채권자 대위신청
   ① 등기권리자는 (피대위)_____
   ② 등기완료 후 **채권자와 채무자**에게
      등기완료통지를 함

## [테마12] 농/취/증, 토지거래허가 면제사유

### 공/포/진/상/합/취/수

_____분할 / ____유증 / ____명의회복 /
__속 / __병 / ____시효 / __용

## [테마13] 주소/주민번호 증명서면

등기____만 제공
단, _____등기는 **등기의무자의 주소증명서**
**면**도 제공하여야 한다.

## [테마14] 법인 아닌 사단/재단의 등기

① 대표자나 관리인이 _____
   의 명의로 등기신청
② 법인 아닌 사단이 등기____인 경우 사원총
   회결의서를 제공하여 신청
③ 스스로 전자신청을 할 수 __다.

## [테마15] 등기필정보 대/승/직/관/공유

1. 등기필정보 제공하는 경우 :
   ____신청 + 승소한 등기____의 단/신
2. 등기필증은 절대로 _____되지 아니한다.
3. 등기필정보 작성/통지하지 않는 경우
   ① 채권자 ____신청에 의한 등기
   ② ____한 **등기의무자**의 신청에 의한 등기
   ③ ____ 보존등기
   ④ _____가 **등기권리자**인 경우
   ⑤ **공유자** 중 ____가 공유물보존행위로 공유
      자 전원을 등기권리자로 하여 등기신청한
      경우 나머지 공유자

## [테마16] 등기완료사실의 통지

### 대/승/직/관/공유/멸실

1. 신청인 및 다음의 사람
   ① 채권자 **대위**신청시 **피대위자(채무자)**
   ② **승소**한 **등기의무자**의 신청시 **등기권리자**
   ③ **직권** 보존등기시 **보존등기**명의인
   ④ **관공서가 등기촉탁시 그 관공서**
   ⑤ **공유자** 중 **일부**가 공유물보존행위로 공유자 전원을 등기권리자로 하여 등기신청한 경우 나머지 **공유자**
   ⑧ **등기필증 멸실**하여 대용서면으로 등기된 경우 **등기의무자**

## [테마17] 등기필정보 통지의 상대방

원칙 : **등기명의인**이 된 신청인에게 통지
예외 : 법정대리인 신청 – **법정대리인**
법인의 대표자 신청시 – **대표자**
비법인 사단/재단 대표자 신청 – **대표자**
관공서가 등기권리자를 위해 등기촉탁시 –
그 **관공서** 또는 **등기권리자**

## [테마18] 사건이 등기할 것이 아닌 경우 1

### : 절대무효/직권말소

관할위반의 등기와 사건이 등기할 것이 아닌 경우에 해당하는 등기가 실행되면 절대무효로 직권말소한다.
① 법령에 근거**없는** 특약사항 등기를 신청
② 구분건물의 전유부분과 대지사용권의 **분리 처분금지에 위반**한 등기신청
③ **농지에 대한 전세**권 등기신청
④ 저당권을 피담보채권과 **분리**하여 양도하는 등기신청
⑤ 지분 **일부** 또는 부동산 **일부**에 대한 **보존등기** 신청

⑥ 관공서 또는 법원의 촉탁으로 실행되어야 할 등기를 **신청**한 경우
   **예** 압류/가압류/가처분/경매등 처분제한등기
   : **촉탁**으로만 가능
⑦ 보존등기된 부동산에 다시 **보존**등기 신청
⑧ **합유**지분에 대한 일체의 등기신청
⑨ **5년**을 넘는 공유물불분할특약등기 신청
⑩ **분**묘기지권/**유**치권/주위토지**통**행권/**특**수지역권/**점**유권
⑪ 하천부지에 대한 **지/지/전/임** 설정/이전/변경등기 신청

## [테마19] 사건이 등기할 것이 아닌 경우 2

### 1물1권주의

① 부동산 일부에 대한 지/지/전/임 : **가능**
② 권리일부에 대한 지/지/전/임 : **불가능**
③ 권리일부에 대한 소/이전, 저분제한, 저당권등기 : **가능**
④ 부동산 일부에 대한 소/이전, 저분제한, 저당권등기 : **불가능**
⑤ 권리일부에 대한 **보존등기 : 불가능**
⑥ 부동산일부에 대한 **보존등기 : 불가능**
   법정지상권

## [테마20] 사건이 등기할 것이 아닌 경우 3

### 수인의 권리자 중 1인 신청

### 가/포 자기지분    상/공 전원명의

① 수인의 **가**등기권리자 중 **일부**가 신청하는 본등기 : **자기지분**만 가능
② 수인의 **포**괄수증자 중 **일부**가 신청하는 이전등기 : **자기지분**만 가능
③ 수인의 공동**상**속인 중 **일부**가 신청하는 상속등기 : **전원명의**만 가능
④ 수인의 **공**유자 중 **일부**가 신청하는 보존등기 : **전원명의**만 가능

## [테마16] 등기완료사실의 통지

### 대/승/직/관/공유/멸실

1. 신청인 및 다음의 사람
   ① 채권자 **대위**신청시 _____( ____ )
   ② **승소**한 **등기의무자**의 신청시 _____
   ③ **직권** 보존등기시 _____명의인
   ④ **관공서가 등기촉탁시 그 관공서**
   ⑤ **공유자** 중 **일부**가 공유물보존행위로 공유자 전원을 등기권리자로 하여 등기신청한 경우 나머지 _____
   ⑧ **등기필증 멸실**하여 대용서면으로 등기된 경우 **등기**_____

## [테마17] 등기필정보 통지의 상대방

원칙 : _____이 된 신청인에게 통지
예외 : 법정대리인 신청 – _____
법인의 대표자 신청시 – _____
비법인 사단/재단 대표자 신청 – _____
관공서가 등기권리자를 위해 등기촉탁시 –
그 ____ 또는 _____

## [테마18] 사건이 등기할 것이 아닌 경우 1

### : 절대무효/직권말소

관할위반의 등기와 사건이 등기할 것이 아닌 경우에 해당하는 등기가 실행되면 절대무효로 직권말소한다.
① 법령에 근거____ 특약사항 등기를 신청
② 구분건물의 전유부분과 대지사용권의 **분리 처분금지에 위반**한 등기신청
③ **농지에 대한** ____권 등기신청
④ 저당권을 피담보채권과 ____하여 양도하는 등기신청
⑤ 지분 ____ 또는 부동산 ____에 대한 **보존등기** 신청

---

⑥ 관공서 또는 법원의 촉탁으로 실행되어야 할 등기를 ____한 경우
   **예** 압류/가압류/가처분/경매등 처분제한등기 : ____으로만 가능
⑦ 보존등기된 부동산에 다시 ____등기 신청
⑧ ____지분에 대한 일체의 등기신청
⑨ ____을 넘는 공유물불분할특약등기 신청
⑩ **분묘기지권/유치권/주위토지통행권/특수지역권/점유권**
⑪ 하천부지에 대한 _/_/_ 설정/이전/변경등기 신청

## [테마19] 사건이 등기할 것이 아닌 경우 2

### 1물1권주의

① 부동산 일부에 대한 지/지/전/임 : ____
② 권리일부에 대한 지/지/전/임 : ____
③ 권리일부에 대한 소/이전, 저분제한, 저당권등기 : ____
④ 부동산 일부에 대한 소/이전, 저분제한, 저당권등기 : ____
⑤ 권리일부에 대한 **보존등기** : ____
⑥ 부동산일부에 대한 **보존등기** : ____
   법정지상권

## [테마20] 사건이 등기할 것이 아닌 경우 3

### 수인의 권리자 중 1인 신청

### 가/포 자기지분    상/공 전원명의

① 수인의 **가**등기권리자 중 **일부**가 신청하는 본등기 : _____만 가능
② 수인의 **포**괄수증자 중 **일부**가 신청하는 이전등기 : _____만 가능
③ 수인의 공동**상**속인 중 **일부**가 신청하는 상속등기 : _____만 가능
④ 수인의 **공**유자 중 **일부**가 신청하는 보존등기 : _____만 가능

## [테마21] 전자신청

① **사용자등록**을 한 **자연인**은 전자신청 가능
② **전자증명서** 이용등록을 한 **법인**은 전자신청 가능
③ **법인 아닌 사단/재단**은 전자신청 불가능
④ 전자신청의 대리는 **자격자대리인**만 가능
⑤ 사용자등록 유효기간 : **3년**

## [테마22] 보존등기

① **등기원인**과 그 **연월일** 기록하지 않는다.
② 규약상 공용부분을 **규약폐지 후 취득**한 자는 지체 없이 **보존**등기를 신청하여야 함
③ 대장상 최초소유자 및 그 **포괄승계인**은 직접 **그 명의로 보존등기 가능**
④ **이행**판결/**형성**판결/**확인**판결이 확정되면 보존등기 신청 가능
⑤ 대장의 소유자 불명일 경우 **판결 상대방** :
　　토지 : '**국가**'를 상대
　　건물 : '**시군구청장**'을 상대
⑥ **특/자/도지사, 시군구청장의 확인**을 받은 자는 **건물**의 보존등기 신청 가능
⑦ **미등기부동산**을 수용하면 **보존**등기, **등기된 부동산**을 수용하면 **이전**등기

## [테마23] 직권보존등기 칙/촉/금지 no

① (법원이 촉탁하는) **가압류/가처분**/강제**경매**/ **임차권**등기(명령)의 촉탁이 있으면 **직권으로 보존등기**를 한다.
② (세무서가 촉탁하는) **압류**는 직권보존등기의 사유가 **아니다.**
③ 처분제한등기는 처분금지의 효력은 **없**고, **촉탁**으로만 이루어지므로 **신청**할 수 없다.

## [테마24] 공유/합유

① 등기할 권리자가 2인 이상인 경우 그 **지분**을 신청정보의 내용으로 등기소에 제공하여야 한다.
② 공유지분에 대한 **지/지/전/임** 등기와 **보존** 등기는 할 수 **없**다.
③ **공유관계**에 기초한 등기는 공유자 전원이 **공동**신청한다.
④ 공유지분**포기** : 다른 공유자 앞으로 소유권이 전등기를 **공동**신청
⑤ **합유**지분은 기재하지 않고, '**합유**'라는 뜻을 기재한다.
⑥ 합유지분에 대한 등기는 일체 할 수 **없**다.

## [테마25] 수용 원인 이전등기

① **단독**신청 (관공서는 **촉탁**) 단, **재결실효**로 인한 소유권이전등기의 말소 등기는 **공동**신청
② 등기없이 권리취득 = 수용**개시**일
③ 등기원인 = 토지 수용 등기원인일자 = 수용**개시**일
④ **직권말소하지 않는 것**(4개) 수용개시일 **이전**의 **소유권**등기 · **상속** /**재결**/(요역지)**지역권**

## [테마26] 진정명의회복 원인 소/이전등기

① 등기원인 : '**진정명의회복**'으로 기재함
② **등기원인일자** : 기재<u>하지 않는다.</u>
③ **검인/농지취득자격증명/토지거래허가** 모두 필요 X
④ 공동신청/판결받아 단독신청 모두 가능

## [테마21] 전자신청

① **사용자등록**을 한 _____은 전자신청 가능
② **전자증명서** 이용등록을 한 ___은 전자신청 가능
③ _____/____은 전자신청 불가능
④ 전자신청의 대리는 _____만 가능
⑤ 사용자등록 유효기간 : ___

## [테마22] 보존등기

① _____과 그 _____ 기록하지 않는다.
② 규약상 공용부분을 **규약폐지 후 취득**한 자는 지체 없이 ___등기를 신청하여야 함
③ 대장상 최초소유자 및 그 _____은 직접 **그 명의로 보존등기 가능**
④ ___판결/___판결/___판결이 확정되면 보존등기 신청 가능
⑤ 대장의 소유자 불명일 경우 **판결 상대방** :
　**토지** : '___'를 상대
　**건물** : '_____'을 상대
⑥ **특/자/도지사, 시군구청장의 확인**을 받은 자는 ___의 보존등기 신청 가능
⑦ **미등기부동산**을 수용하면 ___등기, **등기된 부동산**을 수용하면 ___등기

## [테마23] 직권보존등기 칙/촉/금지 no

① (법원이 촉탁하는) _____/_____/강제___/ _____등기(명령)의 촉탁이 있으면 **직권으로 보존등기**를 한다.
② (세무서가 촉탁하는) ___는 직권보존등기의 사유가 **아니다.**
③ 처분제한등기는 처분금지의 효력은 __고, ___으로만 이루어지므로 ____할 수 없다.

## [테마24] 공유/합유

① 등기할 권리자가 2인 이상인 경우 그 ___을 신청정보의 내용으로 등기소에 제공하여야 한다.
② 공유지분에 대한 **지/지/전/임** 등기와 **보존** 등기는 할 수 __다.
③ **공유관계**에 기초한 등기는 공유자 전원이 ____신청한다.
④ 공유지분**포기** : 다른 공유자 앞으로 소유권이전등기를 ___신청
⑤ ___지분은 기재하지 않고, '___'라는 뜻을 기재한다.
⑥ 합유지분에 대한 등기는 일체 할 수 __다.

## [테마25] 수용 원인 이전등기

① ___신청 (관공서는 ___)
　단, **재결실효**로 인한 소유권이전등기의 말소등기는 ___신청
② 등기없이 권리취득 = 수용___일
③ 등기원인 = 토지 수용
　등기원인일자 = 수용___일
④ **직권말소하지 않는 것**(4개)
　수용개시일 ___의 _____등기 · ___ /___/(요역지)_____

## [테마26] 진정명의회복 원인 소/이전등기

① 등기원인 : '_____'으로 기재함
② **등기원인일자** : 기재_____
③ ___/_____/_____
　모두 필요 X
④ 공동신청/판결받아 단독신청 모두 가능

## [테마27] 유증 원인 이전등기

① **공동**신청
② 유언자 사망 전 **가등기** : 할 수 **없다**.
③ 특정유증 : 등기해야 효력 발생
　 포괄유증 : 등기없이 효력 발생(사망시)
④ 유증이 **유류분을 침해**하여도 **각하**할 수 없다.
　 **수리**하여야 한다.
⑤ 유증자명의에서 직접 수증자 명의로 등기
　 ※ 상속등기가 이미 되었다면
　　　 상속인 명의에서 직접 수증자명의로 등기
⑥ **미등기**부동산이 **특정**유증되었을 때에는 직접
　 수증자명의로 등기할 수 없고, **상속인 명의로
　 보존등기 후** 수증자 명의로 이전등기

## [테마28] 환매특약등기

① 매매 원인 소/이전등기와 환매특약등기는 **동시**
　 신청하고, **별개** 신청서로 신청한다.
② **매매대금**과 **매매비용**은 필요적기재사항
③ 환매특약등기는 **부기**등기로, 환매권의 이전등
　 기는 **부기**등기의 **부기**등기로 한다.
④ 환매권의 행사로 인한 소유권이전등기를 하면
　 환매특약등기는 직권으로 말소한다.

## [테마29] 신탁등기 공통절차

### 1/일, 하나, 단독/대위

① 신탁과 관련한 등기는 **1**건의 신청정보로 **일괄**
　 신청하여야 한다.
② 신탁과 관련한 등기는 **하나**의 순위번호로 등
　 기한다.
③ 신탁등기와 신탁등기의 말소등기는 **수탁자**가
　 **단독**신청한다. 위탁자나 수익자가 **대위 신청
　 할 때**에는 동시신청할 필요가 **없**다.

## [테마30] 신탁등기 주요 사항

① 신탁원부 : 부동산마다 별개로 **등기관**이 작성
② 신탁재산이 **소유권**인 경우 등기관은 **거래에
　 관한 주의사항**을 **부기**등기로 기록
③ **고유재산**으로 된 뜻의 등기는 **주등기**
④ 수탁자가 여러 명인 경우 **합유**인 뜻 기록
⑤ 신탁의 가등기는 할 수 **있다**.
⑥ 신탁등기가 되면 소유자는 **수탁자**이다.
⑦ 수탁자 해임의 **재판**, 신탁관리인 선임의 **재판**
　 등을 하면 신탁원부기록의 변경등기는 **법원**의
　 **촉탁**으로 한다.
⑧ 수탁자를 **직권**해임하거나 신탁관리인을 **직권**
　 선임/해임한 경우 신탁원부기록의 변경등기는
　 **법무부장관**의 **촉탁**으로 한다.
⑨ 수탁자 변경으로 인한 이전등기, 수탁자 중
　 1인의 임무종료로 인한 변경등기 등을 한 경우
　 신탁원부기록의 변경등기는 **직권**으로 한다.

## [테마31] 용익물권등기와 임차권등기

① 지상권, 지역권, 전세권, 임차권등기가 부동산
　 의 **일부**를 목적으로 하는 경우 그 부분을 표
　 시한 **도면**을 제공하여야 한다.
② 전세권의 **전세금/범위**는 **필요적** 기록사항
③ 임차권의 **차임/범위**는 필요적 기록사항
④ **지상권의 지료**는 **임의적** 기록사항이고, **지역권**
　 의 지료는 기재사항이 아니다.
⑤ 승역지의 등기기록에 지역권 변경/말소의 등
　 기를 한 경우 요역지의 등기기록에는 **직권**으
　 로 변경/말소등기를 하여야 한다.
⑥ 전세금반환채권의 일부양도에 따른 **전세권 일
　 부이전등기**는 전세권 소멸 **후**에 **양도액**을 기
　 록하여 **부기**등기로 한다.
⑦ 임차권등기명령에 의한 등기는 그 이전등기와
　 전대차등기를 할 수 **없**다.

## [테마27] 유증 원인 이전등기

① ____신청
② 유언자 사망 전 **가등기** : 할 수 __다.
③ 특정유증 : 등기해야 효력 발생
   포괄유증 : 등기없이 효력 발생(사망시)
④ 유증이 **유류분을 침해**하여도 ____할 수 없다.
   ____하여야 한다.
⑤ 유증자명의에서 직접 수증자 명의로 등기
   ※ 상속등기가 이미 되었다면
      상속인 명의에서 직접 수증자명의로 등기
⑥ ____부동산이 ____유증되었을 때에는 직접
   수증자명의로 등기할 수 없고, **상속인 명의로**
   **보존등기 후** 수증자 명의로 이전등기

## [테마28] 환매특약등기

① 매매 원인 소/이전등기와 환매특약등기는 ____
   신청하고, ____ 신청서로 신청한다.
② _____과 _____은 필요적기재사항
③ 환매특약등기는 ____등기로, 환매권의 이전등
   기는 ____등기의 ____등기로 한다.
④ 환매권의 행사로 인한 소유권이전등기를 하면
   환매특약등기는 직권으로 말소한다.

## [테마29] 신탁등기 공통절차

**1/일, 하나, 단독/대위**

① 신탁과 관련한 등기는 _건의 신청정보로 ____
   신청하여야 한다.
② 신탁과 관련한 등기는 ____의 순위번호로 등
   기한다.
③ 신탁등기와 신탁등기의 말소등기는 _____가
   ____ 신청한다. 위탁자나 수익자가 **대위 신청**
   **할 때**에는 동시신청할 필요가 __다.

## [테마30] 신탁등기 주요 사항

① 신탁원부 : 부동산마다 별개로 _____이 작성
② 신탁재산이 _____인 경우 등기관은 **거래에**
   **관한 주의사항**을 ____등기로 기록
③ **고유재산**으로 된 뜻의 등기는 __등기
④ 수탁자가 여러 명인 경우 ____인 뜻 기록
⑤ 신탁의 가등기는 할 수 __다.
⑥ 신탁등기가 되면 소유자는 _____이다.
⑦ 수탁자 해임의 **재판**, 신탁관리인 선임의 **재판**
   등을 하면 신탁원부기록의 변경등기는 ____의
   ____으로 한다.
⑧ 수탁자를 **직권**해임하거나 신탁관리인을 **직권**
   선임/해임한 경우 신탁원부기록의 변경등기는
   _____의 ____으로 한다.
⑨ 수탁자 변경으로 인한 이전등기, 수탁자 중
   1인의 임무종료로 인한 변경등기 등을 한 경우
   신탁원부기록의 변경등기는 ____으로 한다.

## [테마31] 용익물권등기와 임차권등기

① 지상권, 지역권, 전세권, 임차권등기가 부동산
   의 **일부**를 목적으로 하는 경우 그 부분을 표
   시한 ____을 제공하여야 한다.
② 전세권의 _____/_____는 **필요적** 기록사항
③ 임차권의 _____/_____는 필요적 기록사항
④ **지상권의 지료**는 _____ 기록사항이고, **지역**
   **권**의 지료는 기재사항이 아니다.
⑤ 승역지의 등기기록에 지역권 변경/말소의 등
   기를 한 경우 요역지의 등기기록에는 ____으
   로 변경/말소등기를 하여야 한다.
⑥ 전세금반환채권의 일부양도에 따른 **전세권 일**
   **부이전등기**는 전세권 소멸 __에 _____을 기
   록하여 ____등기로 한다.
⑦ 임차권등기명령에 의한 등기는 그 이전등기와
   전대차등기를 할 수 __다.

www.pmg.co.kr

**[테마32] 저당권등기**

공동저당 대위 : <u>매/매/채/변</u>

① <u>채권액</u>과 <u>채무자</u>는 필요적 기재사항
② 변제기/이자/지연이자는 <u>임의적</u> 기재사항
③ 저당권이전등기신청서에는 저당권이 채권과 같이 이전한다는 뜻을 기재
④ 소유권이전 후 저당권의 말소등기를 하는 경우 <u>저당권설정당시</u>의 소유자(= 저당권설정자) 또는 <u>현재</u>의 소유자(= 제3취득자)와 공동신청 할 수 있다.
⑤ 피담보채권이 **금전채권이 아닌 경우** 그 채권의 <u>평가액</u>을 기록하여야 한다.
⑥ 담보부동산이 <u>5</u>개 이상이면 <u>등기관</u>이 공동담보목록을 작성
⑦ 공동저당 대위등기의 필요적 기재사항 <u>매각</u>부동산/<u>매각</u>대금/(후순위자의) <u>채권액</u>/선순위자의 <u>변제금액</u> :
※ <u>공동</u>신청/<u>부기</u>등기

**[테마33] 근저당등기**

① 필요적 기재사항 : 채권<u>최고액</u>/<u>채무자</u>
② 임의적 기재사항 : <u>결산기</u>
③ 변제기/이자/지연이자는 기재 <u>X</u>
④ **채권최고액**은 반드시 **단일**하게 기재
⑤ 피담보채권 확정 전 : <u>계약</u>양도/<u>계약</u>인수를 등기원인
⑥ 피담보채권 확정 후 : <u>채권</u>양도/<u>채무</u>인수를 등기원인

**[테마34] 구분건물등기**

① 규약상 공용부분은 <u>표제부</u>만 두므로 공용부분이란 규약을 폐지하면 지체없이 소/<u>보존</u>등기를 한다.
② 구분건물 중 **일부만 보존등기**를 신청하는 경우 나머지 건물의 <u>표시</u>에 관한 등기를 <u>동시</u>신청 한다. 이때 대위신청 할 수 있다.
③ 구분건물은 <u>구조상</u> 독립성과 <u>이용상</u> 독립성이 있어야 한다. 단, 독립성이 있다고 구분건물로 등기해야 하는 건 아니다.

**[테마35] 표제부의 변경(= 부동산표시의 변경)등기와 멸실등기** <u>단/주/대/신</u>

① <u>단독</u>신청/<u>주</u>등기/<u>대장</u> 첨부/**신청의무 1월**
② 부동산 **전부**가 멸실하면 **멸실**등기하고, 부동산 **일부**가 멸실하면 **변경**등기를 한다.
③ **등기명의인표시**의 변경등기는 언제나 <u>부기</u>등기로 하고, <u>단독</u>신청이 원칙이다.
④ 존재하던 건물이 멸실하면 <u>1월</u> 이내 신청, **부존재 건물**의 멸실등기는 <u>지체 없이</u> 한다.

**[테마36] 권리의 변경/경정등기**

① 등기의 <u>일부</u>가 불일치하는 경우 시정
② **부기등기**로 하는 경우 2개
등기상 이해관계인이 <u>없</u>거나,
등기상 이해관계인이 <u>있</u>을 때 그의 승낙서나 그에 대항할 수 있는 재판등본 첨부시
③ **주등기**로 하는 경우
등/이 <u>있</u>으나 그의 승낙이 <u>없</u>는 경우

114  부동산공시법령

## [테마32] 저당권등기

공동저당 대위 : ＿ ／ ／ ／ ＿

① ＿＿＿과 ＿＿＿는 필요적 기재사항
② 변제기/이자/지연이자는 ＿＿＿ 기재사항
③ 저당권이전등기신청서에는 저당권이 채권과 같이 이전한다는 뜻을 기재
④ 소유권이전 후 저당권의 말소등기를 하는 경우 ＿＿＿＿＿＿의 소유자(＝ 저당권설정자) 또는 ＿＿의 소유자(＝ 제3취득자)와 공동신청 할 수 있다.
⑤ 피담보채권이 **금전채권이 아닌 경우** 그 채권의 ＿＿＿을 기록하여야 한다.
⑥ 담보부동산이 _개 이상이면 ＿＿＿이 공동담보목록을 작성
⑦ 공동저당 대위등기의 필요적 기재사항 ＿＿부동산/＿＿대금/(후순위자의) ＿＿＿/선순위자의 ＿＿＿＿ :
※ ＿＿＿신청/＿＿＿등기

## [테마33] 근저당등기

① 필요적 기재사항 : 채권＿＿액/＿＿＿
② 임의적 기재사항 : ＿＿＿
③ 변제기/이자/지연이자는 기재 ＿＿
④ **채권최고액**은 반드시 ＿＿＿하게 기재
⑤ 피담보채권 확정 전 : ＿＿＿양도/＿＿＿인수를 등기원인
⑥ 피담보채권 확정 후 : ＿＿＿양도/＿＿＿인수를 등기원인

## [테마34] 구분건물등기

① 규약상 공용부분은 ＿＿＿＿만 두므로 공용부분이란 규약을 폐지하면 지체없이 소/＿＿＿등기를 한다.
② 구분건물 중 **일부만 보존등기**를 신청하는 경우 나머지 건물의 ＿＿＿에 관한 등기를 ＿＿＿신청 한다. 이때 대위신청 할 수 있다.
③ 구분건물은 ＿＿＿＿ 독립성과 ＿＿＿＿ 독립성이 있어야 한다. 단, 독립성이 있다고 구분건물로 등기해야 하는 건 아니다.

## [테마35] 표제부의 변경(＝ 부동산표시의 변경)등기와 멸실등기 ＿ ／ ／ ／ ＿

① ＿＿＿신청/＿등기/＿＿＿ 첨부/**신청의무 1월**
② 부동산 **전부**가 멸실하면 ＿＿＿등기하고, 부동산 **일부**가 멸실하면 ＿＿＿등기를 한다.
③ **등기명의인표시**의 변경등기는 언제나 ＿＿＿등기로 하고, ＿＿＿신청이 원칙이다.
④ 존재하던 건물이 멸실하면 ＿＿ 이내 신청, **부존재 건물**의 멸실등기는 ＿＿＿＿＿ 한다.

## [테마36] 권리의 변경/경정등기

① 등기의 ＿＿＿가 불일치하는 경우 시정
② **부기등기**로 하는 경우 2개
등기상 이해관계인이 ＿거나,
등기상 이해관계인이 ＿을 때 그의 승낙서나 그에 대항할 수 있는 재판등본 첨부시
③ **주등기**로 하는 경우
등/이 ＿으나 그의 승낙이 ＿는 경우

## [테마37] 직권경정등기 말/회/직

① 등기의 착오 등이 **등기관**의 잘못일 것
② 반드시 **등/이**의 승낙 받아야 말소 가능
③ **부기**등기로 하고, 신청 경정도 가능
④ 등기권리자, 등기의무자 또는 등기명의인이 각 2인 이상인 경우에는 **그 중 1인**에게 통지하면 된다.

## [테마38] 말소등기

① 등기의 **전부**가 불일치하는 경우 말소
② **등기상 이해관계인**의 승낙받아야 가능 승낙한 제3자의 등기는 **직권**말소
③ **선**순위 소유권의 말소를 할 때 **후**순위 소유자는 등기상 이해관계인이 **아니다**.
④ 말소등기는 반드시 **주**등기로 한다.
⑤ **말소등기의 말소등기**는 할 수 **없**다.
⑥ **소재불명** → **공시최고** 거쳐 **제권**판결받아 말소등기를 **단독**신청
⑦ 甲이 乙에게 저당권설정등기를 한 후 丙에게 소유권이전이 되었다. 乙의 저당권등기 말소는 **甲 또는 丙**과 할 수 있다.

## [테마39] 말소회복등기

① **전부** 회복 : 주등기 **일부** 회복 : 부기등기
② **부적법**하게 말소된 것만 회복 **가능** **자발적** 말소된 경우 회복 **불가능**
③ 반드시 **등/이** 승낙받아야 회복 가능
④ **선**순위 소유권의 회복등기를 할 때 **후**순위 소유자는 등기상 이해관계인이 **아니다**.
⑤ 소유권이전이 된 후 회복등기를 할 때에는 **말소** 당시의 소유자와 하여야 한다.
⑥ 직권말소한 등기는 **직권**회복하여야 한다.

## [테마40] 부기등기

① 소/보존, 소/이전, **말소**등기/**멸실**등기/**표제부**의 등기는 언제나 **주**등기로 한다.
② 저당권등기는 **주**등기로, 지상권/전세권에 대한 저당권등기는 **부기**등기로 한다.
③ 소유권에 대한 가처분등기는 **주**등기, 전세권에 대한 가처분등기는 **부기**등기
④ **등기명의인표시**변경등기, 각종의 **특약**이나 **약정**의 등기는 **부기**등기로 한다.
⑤ 주등기를 말소하면 부기등기는 **직권**말소

## [테마41] 가등기 허용여부

① **채권**적 청구권의 보전 목적으로 가능
② **시기부/정지**조건부 청구권 보전 목적 가능
③ **장래** 확정될 청구권을 목적으로 가능
④ **진정명의회복** 원인 청구권 보전목적으로 가등기를 할 수 **없**다.
⑤ 가등기에 의한 **본등기금지**가처분등기는 할 수 **없**고, 가등기된 권리의 **이전금지**가처분등기는 할 수 **있**다.
⑥ 유언자의 사망 **전**에는 가등기할 수 **없**다.
⑦ 소유권보존등기의 가등기는 할 수 **없**다.
⑧ 처분제한등기의 가등기는 할 수 **없**다.
⑨ 가등기된 권리의 이전등기는 할 수 **있**다.

## [테마37] 직권경정등기  _/_ _/_ ___

① 등기의 착오 등이 _____의 잘못일 것
② 반드시 _____의 승낙 받아야 말소 가능
③ ___등기로 하고, 신청 경정도 가능
④ 등기권리자, 등기의무자 또는 등기명의인이 각 2인 이상인 경우에는 _____에게 통지하면 된다.

## [테마38] 말소등기

① 등기의 ___가 불일치하는 경우 말소
② _____의 승낙받아야 가능
    승낙한 제3자의 등기는 ___말소
③ __순위 소유권의 말소를 할 때 __순위 소유자는 등기상 이해관계인이 **아니다**.
④ 말소등기는 반드시 __등기로 한다.
⑤ **말소등기의 말소등기**는 할 수 __다.
⑥ **소재불명** → **공시최고** 거쳐 ___판결받아 말소등기를 ___신청
⑦ 甲이 乙에게 저당권설정등기를 한 후 丙에게 소유권이전이 되었다. 乙의 저당권등기 말소는 _____과 할 수 있다.

## [테마39] 말소회복등기

① ___ 회복 : 주등기 ___ 회복 : 부기등기
② _____하게 말소된 것만 회복 **가능**
    _____ 말소된 경우 회복 **불가능**
③ 반드시 ___ 승낙받아야 회복 가능
④ __순위 소유권의 회복등기를 할 때 __순위 소유자는 등기상 이해관계인이 **아니다**.
⑤ 소유권이전이 된 후 회복등기를 할 때에는 ___ 당시의 소유자와 하여야 한다.
⑥ 직권말소한 등기는 ___회복하여야 한다.

## [테마40] 부기등기

① 소/보존, 소/이전, **말소**등기/**멸실**등기/**표제부**의 등기는 언제나 __등기로 한다.
② 저당권등기는 __등기로, 지상권/전세권에 대한 저당권등기는 ___등기로 한다.
③ 소유권에 대한 가처분등기는 __등기, 전세권에 대한 가처분등기는 ___등기
④ **등기명의인표시**변경등기, 각종의 **특약**이나 **약정**의 등기는 ___등기로 한다.
⑤ 주등기를 말소하면 부기등기는 ___말소

## [테마41] 가등기 허용여부

① ___적 청구권의 보전 목적으로 가능
② __기부/___조건부 청구권 보전 목적 가능
③ ___ 확정될 청구권을 목적으로 가능
④ **진정명의회복** 원인 청구권 보전목적으로 가등기를 할 수 ___.
⑤ 가등기에 의한 **본등기금지**가처분등기는 할 수 __고, 가등기된 권리의 **이전금지**가처분등기는 할 수 __다.
⑥ 유언자의 사망 **전**에는 가등기할 수 __다.
⑦ 소유권보존등기의 가등기는 할 수 __다.
⑧ 처분제한등기의 가등기는 할 수 __다.
⑨ 가등기된 권리의 이전등기는 할 수 __다.

## [테마42] 가등기와 그 말소등기의 신청

① **가등기의무자의 승낙서**를 첨부하여 가등기 **권리자**가 **가등기**를 **단독**신청할 수 있다.

② **가등기가처분**명령이 있으면 가등기**권리자**가 **가등기**를 **단독**신청할 수 있다.

③ **가등기명의인**은 **가등기의 말소**를 단독신청 할 수 **있**다.

④ **가등기의무자**나 **등기상 이해관계인**은 가등기 **명의인**의 승낙서를 첨부하여 **가등기의 말소**를 **단독**신청할 수 있다.

⑤ 가등기는 장래 행해질 **본등기**의 방식에 의하므로 본등기가 주등기이면 가등기를 **주**등기로 한다.

## [테마43] 가등기에 의한 본등기 그 때 그 사람

① 가등기 이후 소유권이전이 있더라도 본등기는 **가등기** 당시의 소유자와 한다.

② 가등기권리자 중 일부는 **자기지분만**의 본등기를 신청할 수 있다.

③ 소유권이전청구권의 가등기에 의한 본등기가 되면 가등기 후 권리는 다음을 제외하고 직권 말소한다.
   ㉠ 당해 가등기를 목적의 **가압류**/**가처분**등기
   ㉡ 가등기 **전** 저당권/전세권/담보가등기에 의한 임의경매등기
   ㉢ 가등기 **전** 가압류에 의한 강제경매등기
   ㉣ 가등기권자에게 **대항**할 수 있는 주택/상가 임차권등기

④ 지상권/전세권/임차권의 가등기에 의한 본등기가 된 경우 가등기 후 권리중 **지상권**/**지역권**/**전세권**/**임차권**등기는 직권말소

⑤ 저당권가등기에 의하여 본등기가 된 경우 직권말소되는 등기는 **없다**.

## [테마44] 가등기의 효력

① 가등기에 의한 본등기를 하면, **순위**는 소급하고, **효력**은 소급하지 않는다.

② 가등기 자체로는 추정력 등 아무런 효력이 **없**다.

③ 가등기는 권리에 관한 등기이므로 **표제부**에는 하지 않는다.

## [테마45] 관공서의 촉탁에 의한 등기

① 촉탁등기는 **신청**절차를 준용하고, 촉탁하지 않고 공동신청할 수 **있**다.

② 촉탁에 의한 등기는 **출석**/**검인**/**등기필증**/**인감증명**의 제공이 면제된다.

③ 등기기록과 대장의 부동산표시가 불일치해도 관공서가 촉탁한 경우에는 **각하**하지 않는다.

## [테마46] 이의신청

① 이의신청은 관할 **지방법원**에 제기하고 이의신청서는 당해 **등기소**에 제출한다.

② 이의의 기간은 제한**없**고 집행정지의 효력이 **없**다. 그러므로 법원은 결정 **전** 가등기 또는 부기등기를 명령할 수 있다.

③ 각하결정에 제3자는 이의신청할 수 **없**다.

④ 이의가 이유**없**으면 3일내 의견을 붙여 이의신청서를 **법원**에 송부하여야 한다.

## [테마42] 가등기와 그 말소등기의 신청

① **가등기의무자의 승낙서**를 첨부하여 가등기 _____가 **가등기**를 ___신청할 수 있다.

② **가등기가처분**명령이 있으면 가등기_____가 **가등기**를 ___신청할 수 있다.

③ **가등기명의인**은 **가등기의 말소**를 단독신청 할 수 __다.

④ **가등기의무자**나 **등기상 이해관계인**은 가등기 _____의 승낙서를 첨부하여 **가등기의 말소**를 ___신청할 수 있다.

⑤ 가등기는 장래 행해질 _____의 방식에 의하므로 본등기가 주등기이면 가등기를 __등기로 한다.

## [테마43] 가등기에 의한 본등기 _____

① 가등기 이후 소유권이전이 있더라도 본등기는 _____ 당시의 소유자와 한다.

② 가등기권리자 중 일부는 _____의 본등기를 신청할 수 있다.

③ 소유권이전청구권의 가등기에 의한 본등기가 되면 가등기 후 권리는 다음을 제외하고 직권 말소한다.
   ㉠ 당해 가등기를 목적의 _____/_____등기
   ㉡ 가등기 __ 저당권/전세권/담보가등기에 의한 임의경매등기
   ㉢ 가등기 __ 가압류에 의한 강제경매등기
   ㉣ 가등기권자에게 ___할 수 있는 주택/상가 임차권등기

④ 지상권/전세권/임차권의 가등기에 의한 본등기가 된 경우 가등기 후 권리중 _____/_____/_____/_____등기는 직권말소

⑤ 저당권가등기에 의하여 본등기가 된 경우 직권말소되는 등기는 ___.

## [테마44] 가등기의 효력

① 가등기에 의한 본등기를 하면, ___는 소급하고, ___은 소급하지 않는다.

② 가등기 자체로는 추정력 등 아무런 효력이 __다.

③ 가등기는 권리에 관한 등기이므로 _____에는 하지 않는다.

## [테마45] 관공서의 촉탁에 의한 등기

① 촉탁등기는 ___절차를 준용하고, 촉탁하지 않고 공동신청할 수 __다.

② 촉탁에 의한 등기는 ___/___/_____/___ ___의 제공이 면제된다.

③ 등기기록과 대장의 부동산표시가 불일치해도 관공서가 촉탁한 경우에는 ___하지 않는다.

## [테마46] 이의신청

① 이의신청은 관할 _____에 제기하고 이의신청서는 당해 _____에 제출한다.

② 이의의 기간은 제한__고 집행정지의 효력이 __다. 그러므로 법원은 결정 __ 가등기 또는 부기등기를 명령할 수 있다.

③ 각하결정에 제3자는 이의신청할 수 __다.

④ 이의가 이유__으면 3일내 의견을 붙여 이의신청서를 ___에 송부하여야 한다.

제37회 공인중개사 시험대비 **전면개정**

# 2026 박문각 공인중개사 양진영 부동산공시법령 익힘장

**초판인쇄** | 2025. 12. 20.  **초판발행** | 2025. 12. 25.  **편저** | 양진영 편저

**발행인** | 박 용  **발행처** | (주)박문각출판  **등록** | 2015년 4월 29일 제2019-000137호

**주소** | 06654 서울시 서초구 효령로 283 서경 B/D 4층  **팩스** | (02)584-2927

**전화** | 교재 주문 (02)6466-7202, 동영상문의 (02)6466-7201

저자와의
협의하에
인지생략

정가 14,000원

ISBN 979-11-7519-634-6